Aujourd'hui, dans le monde du HOCKEY

Aujourd'hui, dans le monde du HOCKEY

Eric Zweig

Texte français de Gilles Terroux

Éditions
SCHOLASTIC

Catalogage avant publication de Bibliothèque et Archives Canada

Zweig, Eric, 1963-
Aujourd'hui, dans le monde du hockey / Eric Zweig ; texte français de Gilles Terroux.

Traduction de: On this day in hockey.
ISBN 978-0-545-98592-5

1. Hockey—Miscellanées—Ouvrages pour la jeunesse. 2. Ligue nationale de hockey—Miscellanées—Ouvrages pour la jeunesse. I. Terroux, Gilles, 1943- II. Titre.

GV847.Z8414 2009   j796.962   C2009-902630-9

Copyright © Eric Zweig, 2009, pour le texte.
Copyright © Éditions Scholastic, 2009, pour le texte français.

Tous droits réservés.

Il est interdit de reproduire, d'enregistrer ou de diffuser, en tout ou en partie, le présent ouvrage par quelque procédé que ce soit, électronique, mécanique, photographique, sonore, magnétique ou autre, sans avoir obtenu au préalable l'autorisation écrite de l'éditeur. Pour la photocopie ou autre moyen de reprographie, on doit obtenir un permis auprès d'Access Copyright, Canadian Copyright Licensing Agency, 1, rue Yonge, bureau 800, Toronto (Ontario) M5E 1E5 (téléphone : 1-800-893-5777).

Édition publiée par les Éditions Scholastic, 604, rue King Ouest, Toronto (Ontario) M5V 1E1 Canada.

6 5 4 3 2 1   Imprimé au Canada   09 10 11 12 13 14

À tous les amis qui ont joué avec nous dans le sous-sol ou dans la cour arrière – ou qui ont couru derrière une balle de tennis jusqu'en bas de la côte – dans le bon vieux temps, sur Argonne Crescent.

Introduction

Lorsqu'il est question de la température au Canada, on plaisante souvent en disant que « nous avons 10 mois d'hiver et 2 mois de mauvais hockey. » En réalité, nos hivers ne sont pas si pénibles… et même si vous ne pouvez sortir pour jouer, vous pouvez toujours parler de hockey chaque jour de l'année, si vous le voulez. Ce livre en est la meilleure preuve.

La principale difficulté dans la préparation de ce livre n'a pas été de trouver quelque chose à dire pour chaque jour de l'année. Parce que trop d'événements sont survenus certains jours, le plus compliqué a été de n'en choisir qu'un seul! Dans la mesure du possible, j'ai donné la priorité aux faits les plus marquants, les plus brillants ou les plus étonnants. Parfois, il m'est arrivé de me lever le matin et d'ajouter à la liste quelque chose qui s'était passé la veille. À d'autres occasions, j'ai écrit à propos d'événements ou d'exploits survenus bien avant ma naissance. Et même, parfois, avant que mes parents ou mes grands-parents ne soient nés!

J'ai eu beaucoup de plaisir à regrouper le tout. J'espère que vous aurez autant de plaisir à le lire!

Eric Zweig

1ᵉʳ janvier 1973
Bobby Orr a obtenu six aides dans une victoire de 8-2 des Bruins de Boston sur les Canucks de Vancouver et a égalé la marque du plus grand nombre d'aides dans un match par un défenseur.

2 janvier 1980
Gordie Howe est devenu le premier joueur de l'histoire de la LNH à jouer dans cinq décennies différentes. Howe et les Whalers d'Hartford ont fait match nul 2-2 contre les Oilers d'Edmonton.

3 janvier 1931
Nels Stewart a marqué deux buts en l'espace de quatre secondes en troisième période (à 8 min 24 s et 8 min 32 s) dans une victoire de 5-3 des Maroons de Montréal sur les Bruins de Boston. (Voir le 15 décembre 1995.)

4 janvier 2005
Équipe Canada a remporté l'or aux Mondiaux juniors en battant la Russie 6-1. Il s'agissait de la première victoire du Canada en huit ans à ce championnat mondial. L'équipe canadienne comptait dans ses rangs les futures vedettes de la LNH : Jeff Carter, Dion Phaneuf et Sidney Crosby. Alex Ovechkin et Evgeni Malkin étaient les piliers de l'équipe russe.

5 janvier 1910
Le Canadien de Montréal a disputé le premier match de son histoire en triomphant des Silver Kings de Cobalt 7-6 en prolongation. Le Canadien faisait partie de l'Association nationale de hockey – précurseur de la LNH.

Des juniors en or

Quoique son appellation officielle soit le Championnat mondial des moins de 20 ans, la plupart des Canadiens appellent ce tournoi les Mondiaux juniors. De nos jours, l'événement est devenu une tradition à la période des Fêtes. Chaque année, des millions d'amateurs suivent le tournoi à la télévision.

Sidney Crosby et Evgeni Malkin se disputent la rondelle aux Mondiaux juniors 2005.

L'idée de créer un Championnat mondial junior remonte à 1973. Trois tournois non officiels ont été présentés avant que l'événement ne prenne son véritable envol à l'hiver de 1976-1977.

L'équipe nationale junior a vu le jour en 1981-1982. À l'époque, il n'y avait pas d'éliminatoires. Huit équipes prenaient part au tournoi et chacune affrontait les sept autres formations une fois. Les médailles étaient attribuées selon le classement. La première année, le Canada a gagné six de ses sept matchs et a annulé l'autre. Sa victoire la plus convaincante a été de 7-0 face à l'Union soviétique. En incluant les tournois non officiels, les Soviétiques ont remporté le championnat junior sept fois de suite entre 1974 et 1980. Depuis sa première victoire en 1982, le Canada a remporté l'or plus souvent que tout autre pays.

6 janvier 1980
Les Flyers de Philadelphie ont battu Buffalo 4-2 pour un 35e match consécutif sans défaite. Sans prolongation ni tirs de barrage à l'époque, la séquence avait été de 25 victoires et de 10 matchs nuls. Le lendemain, les Flyers s'étaient inclinés 7-1 devant les North Stars du Minnesota.

7 janvier 1981
Marcel Dionne, des Kings de Los Angeles, a obtenu 1 000 points en seulement 740 matchs, c'est celui qui avait accompli cet exploit le plus rapidement dans l'histoire de la LNH. Du moins jusqu'à ce que Wayne Gretzky, en 1984, améliore la marque en récoltant 1 000 points en seulement 424 matchs.

8 janvier 1947
Howie Meeker, des Maple Leafs, a établi une marque de la LNH pour les recrues. Il a marqué cinq buts dans un match, ce qui a conduit Toronto à la victoire de 10-4 contre Chicago.

9 janvier 2004
Le gardien Brian Boucher, du Phoenix, a établi une marque des temps modernes de la LNH avec son cinquième jeu blanc consécutif.*

10 janvier 2008
Les Capitals de Washington ont accordé à Alex Ovechkin un contrat de 13 ans évalué à 124 millions de dollars. Le contrat s'échelonne de la saison 2008-2009 à la saison 2020-2021. Ovechkin est ainsi devenu le premier joueur à dépasser le jalon des 100 millions de dollars de l'histoire de la LNH.

11 janvier 1983
Pat Hughes, des Oilers, a établi une marque de la LNH en marquant deux buts en infériorité numérique en l'espace de 25 secondes. L'exploit de Hughes est survenu en deuxième période lorsque les Oilers ont marqué avec cinq buts sur cinq tirs dans une victoire de 7-5 contre St. Louis.

* La plupart des historiens de hockey considèrent que la création de la ligne rouge du centre en 1943-1944 marque le début de la LNH moderne.

Boucher intraitable

Depuis le début de sa carrière dans la LNH en 1999-2000, Brian Boucher a surtout campé le rôle de gardien auxiliaire. Pourtant, pendant une courte période en 2003-2004, il a fait mieux que quiconque dans l'histoire de la LNH. Entre le 31 décembre et le 9 janvier, Boucher a blanchi ses adversaires pendant cinq matchs consécutifs.

Il avait amorcé la séquence par une victoire de 4-0 sur les Kings de Los Angeles. Après son troisième jeu blanc consécutif, le monde du hockey s'est demandé s'il ne parviendrait pas à éclipser le record des temps modernes de quatre jeux blancs de suite établi en 1948-1949 par Bill Durnan, du Canadien de Montréal. En sept ans, Durnan avait remporté six fois le trophée Vézina remis au meilleur gardien de but de la LNH. Un gars comme Brian Boucher pouvait-il faire mieux? Le 7 janvier 2004, Boucher a égalé la marque dans une victoire de 3-0 contre Washington, puis l'a améliorée, deux jours plus tard, en battant Minnesota 2-0. Le 11 janvier 2004, Boucher a presque réussi à inscrire un sixième jeu blanc de suite. Il a alloué un seul but dans un match nul de 1-1 contre Atlanta. Le but est survenu tôt en première période lorsque la rondelle a ricoché contre le défenseur David Tanabe, des Coyotes.

12 janvier 1986
Denis Savard, des Blackhawks de Chicago, a marqué après seulement quatre secondes de jeu en troisième période, égalant ainsi la marque du but le plus rapide en début de période.

13 janvier 2006
La recrue Olex Ovechkin a réussi le premier tour du chapeau de sa carrière. Ovechkin a marqué tous les buts menant Washington à la victoire contre d'Anaheim 3-2, dont le troisième but en prolongation.

14 janvier 1943
Alex Smart, du Canadien de Montréal, a établi un record de la LNH en marquant trois buts à son tout premier match.

15 janvier 1968
Bill Masterton, des North Stars du Minnesota, est décédé deux jours après s'être blessé à la tête durant un match. Il est l'unique joueur de l'histoire de la LNH à avoir perdu la vie des suites d'une blessure. Le trophée Bill Masterton lui rend hommage.

16 janvier 1905
Frank McGee a marqué 14 buts dans une victoire de 23-2 des « Silver Seven » d'Ottawa sur Dawson City dans un match défi de la Coupe Stanley.

17 janvier 1962
Le gardien de but Glenn Hall, du Chicago, a disputé un 500e match consécutif. La séquence comprenait tous les matchs en saisons régulières et ceux des séries éliminatoires depuis 1955. Les Blackhawks ont souligné l'exploit en lui offrant une voiture.

Monsieur gardien de but

Glenn Hall, surnommé « Monsieur gardien de but », a été l'un des plus grands gardiens de but de l'histoire de la LNH.

Sous contrat avec les Red Wings de Detroit depuis 1949, Hall est devenu leur gardien de but régulier seulement en 1955-1956. Cette année-là, il a disputé chaque minute des 70 matchs de l'équipe et a dominé la LNH avec douze jeux blancs. Hall a de nouveau disputé chaque minute des 70 matchs la saison suivante.

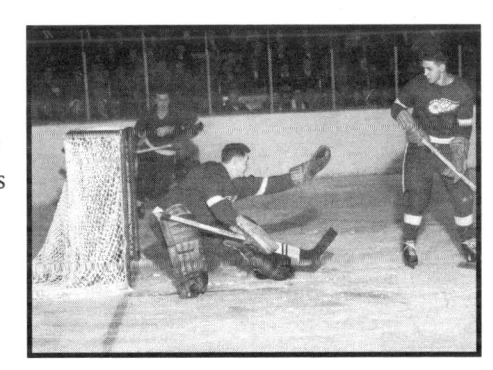

Au cours de l'été 1957, Hall a été échangé à Chicago. Il a continué à disputer chaque minute de tous les matchs des Blackhawks au cours des quatre saisons suivantes. En 1961, Hall a aidé Chicago à remporter sa première Coupe Stanley depuis 1938.

Le 7 novembre 1962, Hall s'est finalement retrouvé assis au banc des joueurs. Suite à un entraînement, il s'était coincé un nerf au dos. Hall avait entrepris la rencontre, mais avait cédé sa place, la douleur étant trop aiguë, après un but des Bruins en milieu de première période. Jusque-là, Hall avait disputé 502 matchs consécutifs en saisons régulières sans rater une seule minute. Il avait aussi participé à 49 matchs complets en séries éliminatoires.

18 janvier 1958
La recrue Willie O'Ree, des Bruins de Boston, est devenu le premier joueur de race noire de l'histoire de la LNH lors d'un match disputé à Montréal. Les Bruins avaient blanchi le Canadien 3-0.

19 janvier 1932
Charlie Conacher est devenu le premier joueur de l'histoire des Maple Leafs de Toronto à marquer cinq buts dans un match. Il a aidé les Leafs à vaincre les Americans de New York 11-3.

20 janvier 1995
Après un lock-out de trois mois et demi, la saison 1994-1995 a finalement commencé. Le calendrier de chaque équipe avait été réduit à 48 matchs. La finale de la Coupe Stanley avait quand même pris fin le 24 juin... la date la plus tardive de l'histoire.

21 janvier 1997
En disputant son premier match avec les Flyers de Philadelphie, le défenseur Michel Petit a établi la marque du joueur ayant endossé l'uniforme du plus grand nombre d'équipes. Petit a évolué au sein de dix équipes au cours de sa carrière. Cependant, depuis, Mike Sillinger a battu ce record en faisant partie de douze équipes.

22 janvier 1987
Une tempête de neige au New Jersey a retardé de 106 minutes le début d'un match entre les Devils et les Flames de Calgary. Seulement 334 amateurs ont bravé les 38 centimètres de neige pour assister au match que les Devils ont remporté 7-5.

23 janvier 1944
Les Red Wings ont établi un record en marquant 15 buts consécutifs au cours d'un match, blanchissant les Rangers de New York 15-0.

24 janvier 2008
Daniel Alfredsson a établi une marque d'équipe avec un match de sept points. Il a marqué trois buts et obtenu quatre aides dans une victoire de 8-4 des Sénateurs d'Ottawa sur Tampa Bay.

25 janvier 1964
Phil Esposito a marqué son premier but dans la LNH dans l'uniforme des Blackhawks de Chicago. « Espo » est devenu un marqueur prolifique après avoir été échangé aux Bruins de Boston. Il a terminé sa carrière avec 717 buts, ce qui fait de lui le cinquième plus grand marqueur de l'histoire de la LNH.

26 janvier 1961

Wayne Gretzky est né à Brantford, en Ontario. Le même soir, à Detroit, Gordie Howe a mis un terme à une longue disette en marquant son premier but en 11 matchs.

27 janvier 1965

Le Suédois Ulf Sterner est devenu le premier Européen à jouer dans la LNH lorsqu'il a endossé l'uniforme des Rangers de New York.

28 janvier 1984

Le record de Wayne Gretzky en termes du plus grand nombre de matchs consécutifs pendant lesquels il a compté au moins un point s'est arrêté à 51 matchs consécutifs. Gretzky a été blanchi par le gardien Markus Mattsson, des Kings de Los Angeles.

29 janvier 1953

Maurice Richard est devenu le premier joueur de l'histoire à marquer 20 buts ou plus à chacune de ses dix premières saisons complètes dans la LNH. Richard a marqué deux buts pour aider le Canadien à vaincre les Rangers 5-2.

30 janvier 1924

Le Canada a blanchi la Suisse 33-0 durant les premiers Jeux olympiques d'hiver, établissant le record du plus grand nombre de buts comptés dans un match de l'histoire du hockey olympique. Le Canada était représenté par les Granites de Toronto. Ils avaient inscrit 110 buts contre seulement trois par leurs adversaires dans leur conquête de la médaille d'or. (Voir le 3 février 1924.)

Saveur suédoise

Aujourd'hui, les joueurs européens sont nombreux dans la LNH, mais il fut un temps où presque tous les joueurs étaient Canadiens. Les quelques rares qui ne l'étaient pas venaient habituellement des États-Unis.

En avril 1963, les Rangers ont annoncé leur intention de mettre sous contrat un joueur suédois. En septembre, ils ont invité Ulf Sterner à leur camp d'entraînement. Quelques joueurs nés en Europe avaient déjà joué dans la LNH, mais tous avaient grandi au Canada. Sterner a reçu une offre, mais a décidé de retourner en Suède. À l'époque, les joueurs de la LNH n'avaient pas le droit de participer aux Jeux olympiques et Sterner tenait à faire partie de l'équipe nationale suédoise aux Jeux d'hiver de 1964.

Après s'être entendu avec les Rangers, Sterner a passé la majeure partie de la saison 1964-1965 dans les ligues mineures, avant de retourner terminer sa carrière en Europe. C'est un autre Suédois qui a finalement ouvert la voie aux Européens dans la LNH : Borje Salming s'est joint aux Maple Leafs de Toronto en 1973-1974 et est vite devenu une supervedette.

31 janvier 1920
Joe Malone, des Bulldogs de Québec, a établi un record de la LNH pour le plus grand nombre de buts marqués dans un match en trouvant le fond du filet sept fois lors d'une victoire de 10-6 contre les St. Pats de Toronto. Ce record n'a jamais été battu.

1er février 2003
Hayley Wickenheiser est devenue la première femme à marquer un but dans un match d'une ligue professionnelle masculine. Wickenheiser évoluait avec le HC Salamat, en Finlande.

2 février 2003
Dany Heatley a été proclamé le joueur par excellence du match des Étoiles après avoir égalé un record avec quatre buts. À 22 ans, Heatley devenait le plus jeune joueur à réussir un tour du chapeau au match des Étoiles. Il était six jours plus jeune que Wayne Gretzky lorsque ce dernier a signé l'exploit en 1983.

3 février 1924
Le Canada a raflé l'or aux premiers Jeux olympiques d'hiver. Les Granites de Toronto ont eu raison des États-Unis 6-1. (Voir le 26 avril 1920.)

4 février 1956
L'Union soviétique a remporté la médaille d'or pour la première fois dès sa première participation aux Jeux olympiques.

La grande Hayley

Lorsque Hayley Wickenheiser était jeune, on lui répétait que le hockey n'était pas fait pour les filles. De nos jours, plusieurs la considèrent comme la meilleure joueuse de hockey au monde.

Wickenheiser avait huit ans lorsqu'elle a commencé à jouer au hockey. Elle jouait la plupart du temps dans des équipes de garçons et était habituellement meilleure que ses compagnons de jeu. À l'âge de 12 ans, elle a fait partie d'Équipe Alberta aux Jeux d'hiver du Canada de 1991. Bien que la plupart des autres joueuses aient 17 ans, Wickenheiser a inscrit le but décisif de la conquête de l'or et a été proclamée la joueuse par excellence du tournoi.

À 15 ans, Wickenheiser faisait déjà partie de l'équipe nationale canadienne, médaillée d'or au Championnat mondial féminin. Elle demeure encore aujourd'hui un membre important de l'équipe.

Après avoir aidé le Canada à ravir l'or aux Jeux olympiques de 2002, Wickenheiser a signé un contrat avec une équipe masculine de Finlande. Le 11 janvier 2003, elle a pris part à son premier match avec le HC Salamat. À son sixième match, le 1er février 2003, elle est devenue la première femme à marquer un but au hockey professionnel masculin.

13

5 février 2009
Alex Ovechkin a réussi son 200e but dans la LNH lors de son 296e match seulement. Il est le cinquième joueur de l'histoire à marquer 200 buts en moins de 300 matchs.

6 février 1973
Connie Madigan est devenu la recrue la plus âgée de l'histoire de la LNH lorsqu'il a disputé son premier match avec les Blues de St. Louis. Madigan avait 38 ans.

7 février 1976
Le capitaine Darryl Sittler a marqué six buts et récolté quatre aides dans une victoire de 11-4 des Maple Leafs de Toronto contre les Bruins de Boston. Ce record de dix points en un seul match tient toujours.

8 février 1975
Le gardien de but Pete LoPresti, des North Stars du Minnesota, a signé le premier blanchissage de sa carrière. Sam LoPresti et lui sont devenus le premier duo père-fils à réussir des jeux blancs dans la LNH. Sam a joué pour Chicago dans les années 1940.

9 février 1966
La LNH annonce son projet d'expansion. La ligue passera de six à douze concessions pour la saison 1967-1968.

Double défi

Entre 1918 et 1926, la LNH est passée de trois à dix équipes. Toutefois, la Crise et la Seconde Guerre mondiale ont forcé certaines équipes à cesser leurs activités. En 1942, il ne restait que six équipes : les Maple Leafs de Toronto, le Canadien de Montréal, les Bruins de Boston, les Red Wings de Detroit, les Blackhawks de Chicago et les Rangers de New York, connues aujourd'hui comme « les six équipes originales ».

Déjà en 1952, il était question d'expansion de la LNH. Après l'expansion du baseball majeur et de la Ligue nationale de football, la LNH a annoncé, en 1965, son intention d'en faire autant. Le 9 février 1966, la LNH a confirmé l'entrée en scène de six nouvelles concessions : les Flyers de Philadelphie, les Penguins de Pittsburgh, les Blues de St. Louis, les Kings de Los Angeles, les Seals d'Oakland et les North Stars du Minnesota. Les candidatures de Buffalo, Baltimore et Vancouver ont été rejetées. Les coûts d'adhésion de chaque nouvelle équipe ont été fixés à 2 millions de dollars. Le 6 juin 1967, la LNH a procédé à un repêchage d'expansion. Chaque nouvelle équipe a choisi 20 joueurs et a fait son entrée dans la LNH au début de la saison 1967-1968. Les six équipes d'origine sont demeurées regroupées dans la division Est tandis que les six nouvelles formations ont constitué la division Ouest. L'expansion s'est avérée tellement populaire que six nouvelles équipes ont été ajoutées en 1970.

10 février 1993
Jeff Reese, des Flames de Calgary, a établi un record pour les gardiens de but lorsqu'il a récolté trois aides au cours d'un seul match. Les Flames ont écrasé San Jose 13-1.

11 février 2009
Mike Green, des Capitals de Washington, a égalé une marque de la LNH pour un défenseur en marquant un but dans un septième match consécutif. En marquant dans un huitième match de suite, le 14 février, Green a établi une nouvelle marque.

12 février 1949
Le Canada a blanchi le Danemark 47-0 dans un match du Championnat mondial. Il s'agit du plus haut pointage de l'histoire du Championnat mondial de hockey.

13 février 1972
Richard Martin, des Sabres de Buffalo, a égalé le record du plus grand nombre de buts en une saison par une recrue en marquant son 38e but de la saison. Son coéquipier Gilbert Perreault avait établi ce record la saison précédente. Martin a complété la saison avec 44 buts. Le record actuel est de 76. (Voir le 3 juillet 1970.)

14 février 1934
La LNH a organisé un Match des étoiles spécial afin de venir en aide financièrement à Ace Bailey, des Maple Leafs de Toronto. Une blessure, subie quelques semaines auparavant, avait forcé Bailey à la retraite.

L'as des Maple Leafs

Irvine « Ace » Bailey s'est joint aux Maple Leafs en 1926-1927 et est vite devenu l'une des grandes vedettes de l'équipe. Il a compté le plus de buts et de points dans la LNH en 1928-1929. En 1932, il a aidé les Leafs à remporter leur première Coupe Stanley. Le 12 décembre 1933, les Leafs jouaient à Boston. En deuxième période, Eddie Shore, des Bruins, a frappé Bailey par-derrière. À l'époque, les joueurs ne portaient pas de casque protecteur. Sa tête a heurté la glace et Bailey a eu une fracture du crâne. Deux interventions chirurgicales lui ont sauvé la vie, mais il n'a plus jamais joué au hockey par la suite. La LNH lui est venue en aide en présentant un match-bénéfice. Les Maple Leafs ont affronté une équipe d'étoiles de la LNH qui comptait Eddie Shore dans ses rangs. Bailey ne l'a pas tenu responsable de l'accident et lorsqu'il lui a serré la main avant le début du match, il a eu droit à une ovation monstre. Les Leafs ont ensuite annoncé le retrait du numéro 6 de Bailey. Ce dernier devenait le premier joueur de l'histoire de la LNH à recevoir un tel hommage. Aucun joueur des Leafs ne devait jamais porter ce numéro, mais avant la saison 1968-1969, Bailey a demandé que le numéro 6 soit confié à Ron Ellis.

15 février 1922
La vedette des Senators d'Ottawa, Punch Broadbent, a inscrit un but dans un 16e match consécutif, un exploit qui figure toujours au livre des records de la LNH.

16 février 2001
Mathieu Schneider est le premier défenseur à avoir marqué un but contre chacune des 30 équipes de la LNH. Son 30e but a été compté lors d'une victoire des Kings de Los Angeles contre Minnesota 4-0.

17 février 1998
L'équipe féminine des États-Unis a battu le Canada 3-1 pour ravir la médaille d'or aux Jeux olympiques d'hiver de Nagano, au Japon. Les Jeux de 1998 marquaient l'entrée en scène du hockey féminin aux Olympiques.

18 février 1918
Le légendaire Georges Vézina a réussi le premier blanchissage de l'histoire de la LNH lorsque le Canadien de Montréal a blanchi Toronto 9-0.

19 février 1979
Mike Bossy, des Islanders de New York, est devenu le joueur le plus rapide à atteindre le plateau des 100 buts lorsqu'il a inscrit son 47e but de la saison 1978-1979 lors de son 129e match en carrière.

20 février 1930
Clint Benedict, des Maroons de Montréal, est le premier gardien de but à avoir porté un masque dans un match de la LNH. L'événement est survenu près de 30 ans avant que Jacques Plante devienne le premier gardien à porter le masque de façon permanente. (Voir le 1er novembre 1959.)

21 février 2002
L'équipe féminine du Canada a battu les États-Unis 3-2 pour la médaille d'or aux Jeux olympiques de Salt Lake City. Trois jours plus tard, l'équipe masculine canadienne a également battu l'équipe américaine 5-2 et a ainsi raflé la médaille d'or.

22 février 1980
Aux Jeux de Lake Placid, l'équipe américaine a surpris les Russes en remportant une victoire inespérée contre eux 4-3. Deux jours plus tard, les Américains battaient la Finlande 4-2, ce qui leur a permis d'emporter la médaille d'or.

23 février 1983
Mark Pavelich est devenu le premier joueur originaire des États-Unis à inscrire cinq buts dans un match de la LNH. Sa soirée de rêve a aidé les Rangers de New York à surclasser les Whalers d'Hartford 11-3.

24 février 1982
Âgé seulement de 21 ans, Wayne Gretzky a éclipsé la marque de 76 buts en saison de Phil Esposito. Gretzky a inscrit ses 77e, 78e et 79e buts dans une victoire d'Edmonton contre Buffalo, 6-3.

25 février 1990
Brett Hull, des Blues de St. Louis, a réussi son 59e but de la saison en 1989-1990 (et en a ajouté deux autres). Brett a battu le record de sa famille. Son père, Bobby Hull, avait marqué 58 buts avec Chicago en 1968-1969.

26 février 1933
Les États-Unis ont remporté le Championnat mondial pour la première fois de leur histoire en infligeant au Canada une défaite de 2-1 en prolongation.

27 février 1877
Les premières règles officielles du hockey, appelées « Hockey sur glace » ont été publiées dans la *Gazette* de Montréal.

28 février 1929
Les Blackhawks de Chicago ont disputé leur huitième match consécutif sans marquer un seul but.

Papa a raison

Le père de Wayne Gretzky, Walter, a aménagé une patinoire dans la cour arrière de la maison afin que son fils puisse jouer au hockey. Il lui a aussi prodigué un précieux conseil : « Élance-toi toujours là où la rondelle se dirige, pas à l'endroit où elle se trouvait ».

Lorsqu'il avait 16 ans, Wayne brillait déjà avec les Greyhounds de Sault Ste. Marie de la Ligue de l'Ontario. Le père de Phil Esposito, Pat, était l'un des actionnaires de l'équipe. Lorsqu'il a vu jouer Wayne pour la première fois, il a dit à son fils qu'il venait de voir à l'œuvre celui qui éclipserait un jour tous ses records de marqueur.

Wayne Gretzky acclame un but.

À sa deuxième saison dans la LNH en 1980-1981, Gretzky a amassé 164 points et battu le record de 152 d'Esposito. La saison suivante, le record de 76 buts d'Esposito était dans la mire de Gretzky. « Espo » était sur place, à Buffalo, le soir où Gretzky a ajouté un nouvel exploit à son palmarès. Les Sabres ont tenu Gretzky en respect jusque tard en troisième période, mais il est finalement parvenu à marquer son 77e but... avant d'en ajouter deux autres! Gretzky a bouclé la saison avec un incroyable total de 92 buts.

29 février 1980
Gordie Howe est le premier joueur de l'histoire de la LNH à avoir marqué 800 buts. Wayne Gretzky est le seul autre joueur à avoir atteint ce plateau (voir le 23 mars 1994).

1er mars 1919
Newsy Lalonde, du Canadien de Montréal, est devenu le premier joueur à marquer cinq buts dans un match des séries éliminatoires de la LNH. Au fil des années, Maurice Richard, Darryl Sittler, Reggie Leach et Mario Lemieux ont tous égalé le record de Newsy, mais personne ne l'a surpassé.

2 mars 1969
Phil Esposito est le premier joueur de l'histoire de la LNH à amasser 100 points en une saison.

3 mars 1920
Le Canadien de Montréal a infligé une raclée de 16-3 aux Bulldogs de Québec. Aucune équipe dans l'histoire de la LNH n'a marqué plus de buts dans un seul match.

4 mars 1941
Les Bruins de Boston ont établi le record de tirs au but dans un seul match de la LNH soit 83 tirs. Le gardien de but Sam LoPresti a repoussé 80 tirs, mais les Blackhawks de Chicago ont quand même subi une défaite de 3-2.

Phil a été le premier

Avec 1,82 m et 93 kg, Phil Esposito était imposant pour un joueur de hockey dans les années 1960. Ce n'était pas un grand patineur, mais il était difficile de lui soutirer la rondelle en raison de sa taille et de sa force physique. Bien qu'il ait été un bon marqueur pendant les quatre saisons avec les Blackhawks de Chicago, il est devenu un grand marqueur après avoir été échangé aux Bruins de Boston.

À sa première saison à Boston, en 1967-1968, Esposito a terminé au deuxième rang des pointeurs derrière Stan Mikita, son ancien coéquipier à Chicago. À ce moment-là, Mikita et Bobby Hull partageaient le record du plus grand nombre de points en une saison soit 97 points. La saison suivante, Espo a pris les choses en main. Le 28 février 1969, il a égalé la marque de 97 points avec un but et une aide dans une victoire de 9-0 contre les Seals d'Oakland, et ce, avec encore un mois à jouer dans la saison!

Au match suivant, il a ajouté un but et une aide, puis a atteint le chiffre magique de 100 contre les Penguins. Il a terminé la saison avec 49 buts et 77 aides pour un total de 126 points et a remporté le trophée Art Ross.

5 mars 2004
Les Sénateurs d'Ottawa et les Flyers de Philadelphie ont établi le record du plus grand nombre de minutes de pénalité dans un match. Philadelphie a écopé de 213 minutes et Ottawa de 206 minutes pour un total de 419.

6 mars 1996
Russ Courtnall, des Canucks de Vancouver, a réussi un tour du chapeau lors d'une victoire de 5-2 contre les Sabres de Buffalo. Tous les buts de Courtnall ont été comptés avant le milieu de la deuxième période : un en avantage numérique, un en infériorité numérique et l'autre à forces égales.

7 mars 1925
Les Tigers de Hamilton ont disputé leur dernier match local dans la LNH. Les Tigers ont fait partie de la LNH de 1920-1921 à 1924-1925. La concession a été vendue et les Tigers sont devenus les Americans de New York en 1925-1926.

8 mars 1986
Tim Ker, des Flyers de Philadelphie, a éclipsé le record du plus grand nombre de buts en supériorité numérique en une saison en marquant son 29e lors d'une défaite de 7-3 contre New Jersey. Kerr a terminé la saison 1985-1986 avec 34 buts en supériorité numérique.

9 mars 1993
Pittsburgh a vaincu Boston 3-2. C'était la première de 17 victoires consécutives. La 17e victoire de suite des Penguins s'est produite le 10 avril.

Les Tigers en grève

Les Tigers de Hamilton ont joint les rangs de la LNH en 1920 lorsque les propriétaires d'un nouvel amphithéâtre ont déboursé 5 000 $ pour acquérir l'ancienne concession de la ville de Québec. Lamentables en 1919-1920 avec une fiche de 4-20-0, les Bulldogs de Québec n'ont fait guère mieux à Hamilton en terminant au dernier rang du classement de la LNH quatre saisons de suite.

En 1924-1925, les Tigers ont commencé à faire meilleure figure. Eux qui n'avaient jamais gagné plus de neuf matchs en une saison, ils ont entrepris la saison avec une fiche de 10-4-1. Ils ont terminé la saison au premier rang après avoir compilé un dossier de 19-10-1. Lorsque la saison a pris fin, le 9 mars, les joueurs des Tigers ont déclenché la grève. Ils ont dit aux propriétaires qu'ils refuseraient de participer aux séries éliminatoires si chaque joueur ne recevait pas une prime de 200 $. D'autres équipes avaient consenti des augmentations de salaire ou des primes à leurs joueurs. Ni les Tigers ni le président de la LNH, Frank Calder, n'ont accepté de verser la prime aux joueurs. Devant le refus des joueurs de participer aux séries, Calder les a tous suspendus. En avril, l'équipe a été vendue. Les Tigers de Hamilton sont devenus les Americans de New York et Hamilton n'a jamais accueilli une autre équipe de la LNH.

10 mars 2008
Jarome Iginla est devenu le meilleur marqueur de l'histoire des Flames de Calgary. Son 41e but de la saison 2007-2008 était le 365e de sa carrière, un de plus que l'ancienne marque de Theoren Fleury.

11 mars 1996
Le dernier match à être disputé au Forum de Montréal a été un match entre le Canadien de Montréal et les Stars de Dallas. Le Canadien l'a remporté 4-1. Le Forum avait été le domicile permanent du Canadien depuis 1926. (Voir le 29 novembre 1924.)

12 mars 1966
Bobby Hull est devenu le premier joueur de l'histoire de la LNH à marquer plus de 50 buts en une saison. Il a marqué son 51e but avec Chicago et a aidé à vaincre New York 4-2.

13 mars 1999
Raymond Bourque est devenu le joueur ayant disputé le plus de matchs dans l'uniforme des Bruins de Boston. Bourque a amélioré le record de 1 436 matchs de John Bucyk. Dans sa carrière, Bourque a disputé 1 518 matchs avec les Bruins.

14 mars 1948
Maurice Richard, du Canadien de Montréal, a réussi le tour du chapeau en marquant trois buts sans aides. Le suivant à signer pareil exploit a été Rick Nash, du Columbus 61 ans plus tard, le 7 mars 2009.

15 mars 1970
Bobby Orr est devenu le premier défenseur à récolter 100 points en une saison. Orr a terminé la saison 1969-1970 au premier rang des pointeurs de la LNH avec 120 points. Il a de nouveau mené la ligue avec 135 points en 1974-1975. Aucun autre défenseur n'a remporté le championnat des pointeurs de la LNH.

Adieu Forum!

Le dernier match au Forum de Montréal a été un moment mémorable pour tous les amateurs de hockey. Le Canadien a remporté le match ce soir-là, comme il l'avait déjà fait plus de 1 500 fois au Forum. Ce sont surtout les cérémonies de fermeture dont les amateurs se souviendront. Le Canadien avait invité au Forum toutes les légendes vivantes de l'équipe afin de rendre un dernier hommage à cet aréna. Les amateurs avaient réservé à Maurice Richard, le plus grand de tous les Canadiens, une ovation qui avait duré près de 10 minutes.

Pendant toutes ces années, une devise, bien en vue dans le vestiaire des joueurs, a toujours résumé l'histoire de l'équipe : « Nos bras meurtris vous tendent le flambeau, à vous toujours de le porter bien haut ». Aux yeux du Canadien de Montréal, chaque nouvelle génération de joueurs a pour mission de maintenir la tradition d'excellence de l'équipe.

Pendant les cérémonies de fermeture, tous les anciens capitaines de l'équipe se sont relayés en faisant passer une torche symbolique pour souligner les 22 Coupes Stanley remportées dans l'enceinte du Forum. Aucune autre équipe n'a connu un tel succès.

16 mars 1961
Bernard « Boom Boom » Geoffrion, du Canadien de Montréal, est devenu le deuxième joueur de l'histoire de la LNH à connaître une saison de 50 buts. Il a atteint ce plateau à son 62e match de la saison.

17 mars 2009
Avec la 552e victoire de sa carrière, Martin Brodeur, des Devils du New Jersey, a éclipsé le record de Patrick Roy pour le plus grand nombre de victoires par un gardien de but.

18 mars 1945
Maurice Richard est devenu le premier joueur de l'histoire à marquer 50 buts en une saison lors du dernier match de la saison 1944-1945. Il a permis au Canadien de Montréal d'infliger une défaite de 4-2 aux Bruins de Boston. Ce but lui a valu une prime de 500 $.

19 mars 2009
Date du premier tournoi de la Coupe Clarkson. Le Championnat canadien du hockey féminin a été remporté, deux jours plus tard, par les Stars de Montréal.

20 mars 1971
La seule fois où deux frères se sont affrontés devant le filet dans l'histoire de la LNH. Ken Dryden, du Canadien de Montréal a battu Dave Dryden, des Sabres de Buffalo, 5-2.

Dryden contre Dryden

Ken Dryden, du Canadien de Montréal, a été l'un des meilleurs gardiens de but de l'histoire de la LNH. En huit saisons, il a remporté la Coupe Stanley six fois. Il a aussi gagné cinq fois le trophée Vézina remis au meilleur gardien de but de la ligue. Dave Dryden a fait son début dans la LNH le 3 février 1962. Alors qu'il jouait au hockey junior à Toronto, Dave Dryden avait assisté à un match à titre de spectateur au Maple Leaf Gardens lorsque le gardien, Gump Worsley, des Rangers de New York, a été blessé. Les équipes n'avaient pas de gardien auxiliaire à l'époque, et c'est alors que les deux équipes avaient accepté que Dryden prenne la relève. En 1970-1971, Dave était le gardien auxiliaire des Sabres de Buffalo. La même année le Canadien a rappelé Ken des ligues mineures. Lorsque les deux équipes se sont affrontées le 20 mars, l'entraîneur des Sabres, Punch Imlach, a désigné Dave pour commencer le match, croyant que le Canadien allait utiliser Ken. Ce ne fut pas le cas et Imlach a remplacé Dave dès le premier arrêt de jeu. Toutefois, lorsque Rogatien Vachon a été blessé en deuxième période, Ken l'a remplacé et les Sabres ont aussitôt retourné Dave devant le filet. Au moment de se serrer la main à la fin du match, les spectateurs ont applaudi chaleureusement les frères Dryden.

Ken Dryden (à gauche) et son frère Dave (à droite)

21 mars 1998
La Corée du Sud a infligé une raclée de 92-0 à la Thaïlande lors du dernier match du Championnat Asie-Océanie des moins de 18 ans, à Harbin, en Chine. Il s'agit du match ayant le plus haut pointage au cours d'un tournoi organisé par la Fédération internationale de hockey sur glace.

22 mars 1894
Le premier match de l'histoire de la Coupe Stanley a été disputé. L'attaquant Billy Barlow a marqué deux fois pour permettre au Montréal AAA de l'emporter 3-1 contre Ottawa dans une finale de la Coupe Stanley d'un seul match. Montréal avait aussi ravi la Coupe Stanley l'année précédente, mais il n'y avait pas eu de série éliminatoire cette année-là. La coupe avait été accordée à l'équipe championne de la saison régulière.

23 mars 1994
Wayne Gretzky a surpassé Gordie Howe au premier rang en inscrivant le 802e but de sa carrière. Le commissaire Gary Bettman a présenté à Gretzky un livre comprenant la feuille de pointage de chaque match au cours duquel il a marqué un but.

24 mars 1936
Les Red Wings de Detroit ont blanchi les Maroons de Montréal 1-0 dans le plus long match de l'histoire de la LNH. La rencontre a pris fin à 16 min 30 s de la sixième période de prolongation.

25 mars 1990
Équipe Canada a vaincu les États-Unis 5-2 pour remporter le premier véritable Championnat mondial de hockey féminin.

26 mars 1917
L'équipe des Metropolitans de Seattle, de l'Association de hockey de la Côte du Pacifique, a été la première équipe américaine à remporter la Coupe Stanley.

Un monde de femmes

Les femmes jouent au hockey depuis beaucoup plus longtemps que les gens ne s'imaginent. L'une des premières joueuses de hockey au Canada a été Isobel Stanley, la fille de Lord Stanley. Il y a une photo d'Isobel qui joue au hockey à Ottawa, autour de 1890.

Les Preston Rivulettes (1931-1932)

Vers la fin des années 1890, les femmes jouaient au hockey un peu partout au Canada. Toutefois, au début des années 1950, plusieurs ont prétendu que le hockey était trop rude pour les femmes. Bien que beaucoup de femmes jouaient au hockey dans les années 1960 et 1970, elles avaient peu de soutien jusqu'à ce que les choses changent dans les années 1980.

En 1987, Toronto a été le théâtre d'un Championnat mondial de hockey féminin auquel ont participé des équipes du Canada, des États-Unis, de la Suède, de la Suisse, de la Hollande et du Japon. Équipe Canada a remporté l'or, mais la Fédération internationale de hockey sur glace n'a pas reconnu l'événement comme tournoi officiel. Le premier championnat mondial officiel a été présenté à Ottawa, trois ans plus tard. Équipe Canada avait attiré l'attention en revêtant un uniforme rose.

27 mars 1985
La vedette des Kings de Los Angeles, Marcel Dionne, a marqué le but pour atteindre le plateau des 1 500 points. Il était le troisième joueur de l'histoire de la LNH à réaliser ce tour de force.

28 mars 1975
Les Capitals de Washington ont remporté leur seule victoire sur la route de toute la saison 1974-1975. La victoire mettait un terme à une séquence de 37 défaites consécutives sur les patinoires de l'adversaire. Les Capitals ont gagné un seul des 40 matchs sur la route et ont compilé un dossier pour la saison de 8-67-5.

29 mars 1929
En triomphant des Rangers de New York 2-1, l'équipe des Bruins de Boston a remporté la première Coupe Stanley de leur histoire. Pour la première fois, deux équipes américaines se sont rendues en finale de la Coupe Stanley.

30 mars 1916
Le Canadien de Montréal a remporté sa première Coupe Stanley. À l'époque, le Canadien évoluait dans l'Association nationale de hockey. La LNH n'existait pas encore.

31 mars 1923
Les Sénateurs d'Ottawa ont remporté la Coupe Stanley en blanchissant les Eskimos d'Edmonton, de la Ligue de hockey de l'Ouest, 1-0. On raconte que King Clancy, des Sénateurs, a joué aux six positions au cours de ce match. Il avait même agi comme gardien de but pendant deux minutes à la deuxième période lorsque le gardien Clint Benedict avait été puni pour avoir cinglé.

1er avril 1978
Mike Bossy, des Islanders de New York, est devenu la première recrue à marquer 50 buts en une saison. Il a compté un 51e but à cinq secondes de la fin du match.

Qui est le boss?

Mike Bossy a été un marqueur prolifique dans la Ligue de hockey junior du Québec. Il a inscrit 309 buts chez les juniors dans une ligue qui préconisait le jeu robuste. En raison de son talent, il était souvent la cible de l'adversaire. Il se battait à l'occasion quand il n'avait pas le choix, mais il n'aimait pas la bagarre. Par conséquent, plusieurs recruteurs se sont demandé s'il était suffisamment combatif pour atteindre la LNH.

Mike Bossy marque son 50ᵉ but.

Les Islanders de New York ont choisi Bossy au premier tour, 15ᵉ au total, lors du repêchage amateur de 1977. La saison suivante, il a marqué 53 buts. Aucune recrue n'avait compté 50 buts auparavant. La saison suivante, il s'est placé premier compteur de la LNH avec 69 buts, puis a renouvelé l'exploit en 1980-81, en marquant 68 buts.

Bossy a atteint le plateau des 50 buts ou plus au cours de neuf saisons consécutives, un exploit unique dans l'histoire de la LNH. Sa séquence a pris fin en 1986-1987 lorsqu'il a subi une blessure au dos. En seulement dix saisons dans la LNH, il a compté 573 buts en 752 matchs. Son ratio de buts par match (0,762) est le plus élevé de l'histoire de la LNH.

2 avril 1980
Wayne Gretzky, des Oilers d'Edmonton, est devenu le plus jeune joueur de l'histoire à compter 50 buts en une saison. Gretzky n'avait que 19 ans et 2 mois. Même s'il en était à sa première saison dans la LNH, Gretzky n'était pas considéré comme une recrue parce qu'il avait disputé la saison 1978-1979 dans la ligue rivale de l'Association mondiale de hockey.

3 avril 2008
Alex Ovechkin a marqué deux buts menant à une victoire de 4-1 de Washington aux dépens de Tampa Bay. Ses 64e et 65e buts de la saison 2007-2008 lui a permis de battre le record de 63 buts détenu par un ailier gauche, celui de Luc Robitaille.

4 avril 1987
La vedette des Islanders de New York, Denis Potvin, est devenu le premier défenseur de l'histoire de la LNH à atteindre le plateau des 1 000 points.

5 avril 2007
Martin Brodeur, des Devils du New Jersey, a amélioré le record du plus grand nombre de victoires en une saison par un gardien de but, lors de sa 48e victoire au cours de la saison 2006-2007. En 1973-1974, Bernard Parent avait remporté 47 victoires avec les Flyers de Philadelphie.

6 avril 1945
Pour la première fois de l'histoire, deux recrues gardiens de but se sont affrontés en finale de la Coupe Stanley. Frank McCool était devant le filet de Toronto et Harry Lumley, devant celui de Detroit. McCool a réussi trois jeux blancs et les Maple Leafs ont éliminé les Red Wings en sept matchs.

7 avril 2002
Jarome Iginla a inscrit son 50e but de la saison 2001-2002. Iginla a ainsi atteint le plateau des 50 buts pour la première fois. Il a terminé la saison avec 52 buts et 96 points.

8 avril 1978
La recrue Bob Miller, des Bruins de Boston, a marqué son 20e but de la saison, ce qui en a fait le 11e marqueur de 20 buts des Bruins cette année-là, un exploit de la LNH qui tient toujours.

9 avril 1987
En battant les Kings de Los Angeles 13-3, les Oilers d'Edmonton ont établi la marque du plus grand nombre de buts au cours d'un match pendant les éliminatoires.

10 avril 1934
Le gardien de but Charlie Gardiner a blanchi Detroit 1-0 lorsque Chicago a remporté la Coupe Stanley en deuxième période de prolongation. Il s'agissait du premier championnat de l'histoire des Blackhawks. Quelques semaines plus tard, Gardiner a succombé à une tumeur au cerveau.

11 avril 1965
Norm Ullman a marqué deux fois en l'espace de cinq secondes pour établir le record des buts les plus rapides de l'histoire des séries éliminatoires. Ullman a marqué à 17 min 35 s et à 17 min 40 s de la deuxième période dans une victoire de 4-2 de Detroit contre Chicago.

12 avril 1941
Pour la première fois depuis l'instauration des séries 4 de 7 en 1939, une équipe a remporté la Coupe Stanley en quatre matchs consécutifs. Les Bruins ont complété le balayage en battant les Red Wings 3-1.

13 avril 2006
Alex Ovechkin est devenu la quatrième recrue de l'histoire à marquer 50 buts en une saison. Les trois premiers étaient Mike Bossy, Joe Nieuwendyk et Teemu Selanne.

14 avril 1960
Le gardien de but Jacques Plante a blanchi les Maple Leafs de Toronto 4-0 lors du match où le Canadien de Montréal a remporté la Coupe Stanley une cinquième année de suite. Aucune autre équipe de la LNH n'a ravi la Coupe Stanley cinq années de suite.

15 avril 1952
Les Red Wings ont balayé les honneurs de la finale de la Coupe Stanley en battant le Canadien en quatre matchs. Detroit avait également éliminé Toronto en quatre matchs. L'équipe des Red Wings a été la première de la LNH à gagner huit matchs consécutifs en séries éliminatoires.

16 avril 1999
Wayne Gretzky a annoncé sa retraite après 20 saisons dans la LNH. Il a disputé son dernier match deux jours plus tard.

Cinq en cinq

De nombreux observateurs prétendent que la plus grande dynastie de l'histoire du hockey est peut-être la conséquence de l'un des moments les plus sombres du hockey. Le 13 mars 1955, Maurice Richard a frappé un juge de lignes pendant une bagarre. Trois jours plus tard, le président, Clarence Campbell, a suspendu Maurice Richard pour les trois derniers matchs de la saison régulière et pour toute la durée des séries éliminatoires. Lorsque Campbell est venu au Forum pour assister à un match le lendemain, les amateurs, révoltés, ont déclenché une émeute légendaire. Un mois après l'émeute du 17 mars, le Canadien a perdu le septième match de la finale de la Coupe Stanley aux mains des Red Wings de Detroit. L'équipe montréalaise a pris sa revanche en 1955-1956. Sous les ordres du nouvel entraîneur Toe Blake, Maurice Richard est parvenu à contrôler son bouillant caractère. Le Canadien a établi un nouveau record avec une saison de 45 victoires, avant de reprendre la Coupe Stanley des mains des Red Wings.

Le Canadien a poursuivi sur sa lancée et a remporté la Coupe Stanley cinq années de suite! Et chaque année, pendant sa dynastie, le Canadien s'est placé en tête de la LNH pour le plus grand nombre de buts marqués. C'est aussi l'équipe qui en a alloué le moins. Douze des joueurs de l'équipe de 1955-1956 portaient encore le chandail bleu-blanc-rouge en 1960... dont Maurice Richard.

17 avril 2006
Sidney Crosby, des Penguins de Pittsburgh, est devenu le plus jeune joueur de l'histoire de la LNH à récolter 100 points en une saison. Crosby avait 18 ans et 253 jours lorsqu'il a atteint ce plateau.

18 avril 1942
Les Maple Leafs de Toronto ont fait la plus grande remontée de l'histoire de la Coupe Stanley. Ils ont remporté les quatre derniers matchs de la finale contre Detroit après avoir perdu les trois premiers.

19 avril 1970
Phil Esposito a réussi un tour du chapeau lors du premier match de la série demi-finale, Boston gagnant 6-3 contre Chicago. Son frère Tony Esposito était le gardien de but des Blackhawks.

20 avril 1934
Tommy Gorman a démissionné de ses postes d'entraîneur et de directeur général des Blackhawks de Chicago, 10 jours après les avoir menés à la conquête de la Coupe Stanley. Deux semaines plus tard, il se retrouvait à la tête des Maroons de Montréal, champions de la Coupe Stanley en 1935.

21 avril 1951
Bill Barilko des Maple Leafs de Toronto a marqué le but décisif en prolongation contre le Canadien de Montréal, ce qui a fait gagner la Coupe Stanley aux Maple Leafs. Chacun des cinq matchs de la série avait nécessité du surtemps. Plus tard au cours de l'été, Barilko a perdu la vie dans un écrasement d'avion. Ses restes n'ont été retrouvés qu'en 1962. Étrangement, la seule autre conquête de la Coupe Stanley des Leafs est justement survenue à l'issue de la saison 1961-1962.

Sid the Kid

Sidney Crosby a commencé à patiner à l'âge de deux ans et il avait cinq ans lorsqu'il a commencé à jouer au hockey avec les Timbits de la Nouvelle-Écosse.

Crosby était déjà une vedette locale à l'âge de 10 ans. À 14 ans, il a mené son équipe midget à la finale du Championnat canadien. La plupart de ses coéquipiers avaient 16 et 17 ans. Crosby avait 16 ans lorsque Wayne Gretzky a prédit qu'il serait probablement celui qui éclipserait un jour ses records. Cette année-là, Crosby était le meilleur marqueur de tout le hockey junior canadien, un exploit qu'il a répété l'année suivante.

Personne n'a été surpris lorsque les Penguins de Pittsburgh ont fait de Crosby le premier choix du repêchage amateur de 2005. La pression était énorme à sa première saison dans la LNH, mais il s'est comporté en véritable champion : il a été le plus jeune joueur à amasser 100 points, terminant la saison avec 39 buts, 63 aides et 102 points.

22 avril 1976
Darryl Sittler, des Maples Leafs, a compté cinq buts lors d'un match contre les Flyers de Philadelphie que Toronto a gagné 8-5. À l'époque, Sittler avait égalé le record des séries éliminatoires détenu par Newsy Lalonde et Maurice Richard.

23 avril 1950
Pete Babando, des Red Wings de Detroit, a été le premier joueur à marquer un but en prolongation du septième match de la finale de la Coupe Stanley. Le but de Babando avait permis aux Wings de battre les Rangers, 4-3. Le 16 avril 1954, Tony Leswick, également des Red Wings, a été le seul autre joueur à compter un but en prolongation au septième match de la finale. Les Red Wings avaient alors défait les Canadiens.

24 avril 2006
Le joueur de centre Joe Sakic, de l'Avalanche du Colorado, a marqué en prolongation pour mener son équipe à une victoire de 5-4 aux dépens des Stars de Dallas. Avec le septième but de sa carrière en prolongation, il pulvérisait le record de six qu'il partageait avec Maurice Richard.

25 avril 1989
Mario Lemieux a marqué cinq buts et obtenu trois aides dans une victoire de 10-7 de Pittsburgh sur Washington. Il a été le cinquième joueur de l'histoire à inscrire cinq buts dans un match éliminatoire. Il a aussi égalé le record du plus grand nombre de points dans un match détenu par Patrick Sundstrom, du New Jersey, depuis le 22 avril 1988.

26 avril 1920
Les Falcons de Winnipeg ont surclassé la Suède 12-1 en finale du tout premier tournoi olympique de hockey.

Sakic à la hauteur

Au début de sa carrière, Joe Sakic était le meilleur joueur de l'une des pires équipes de la LNH. Sakic a fait ses débuts avec les Nordiques de Québec en 1988-1989. En sept ans à Québec, Sakic a participé aux séries éliminatoires seulement deux fois et les Nordiques n'ont jamais gagné une série. Sakic a tout de même obtenu plus de 100 points pendant trois saisons avec les Nordiques.

La concession de Québec est déménagée au Colorado pour la saison 1995-1996. Sakic a recueilli 120 points cette année-là, la meilleure saison de sa carrière. En séries éliminatoires, il a fait mieux que quiconque avec 34 points en seulement 22 matchs et l'Avalanche a remporté la Coupe Stanley. Sakic a trouvé le fond du filet 54 fois en 2000-2001, un sommet en carrière. Il a aussi gagné le trophée Hart à titre de joueur par excellence de la LNH, lors de sa 13e saison dans la LNH. Aucun autre joueur ayant gagné ce trophée n'a joué autant d'années avant de le recevoir. L'année suivante, Sakic aidait Équipe Canada à ravir la médaille d'or aux Jeux olympiques. Avec 625 buts et 1 016 mentions d'aide en carrière, Joe Sakic est l'un des meilleurs marqueurs de l'histoire de la LNH.

27 avril 1992

Scotty Bowman a été l'entraîneur qui a dirigé le plus de matchs en séries éliminatoires. Son 191e match derrière le banc a éclipsé les 190 matchs de Dick Irvin. Lorsqu'il s'est retiré en 2002, Scotty Bowman avait gagné le nombre record de 223 matchs éliminatoires sur 353 qu'il avait dirigés. Ses neuf conquêtes de la Coupe Stanley lui confèrent aussi le premier rang à ce chapitre.

28 avril 1996

Une salle comble à l'aréna de Winnipeg a fait ses adieux aux Jets, L'équipe y a disputé son dernier match local avant de déménager à Phoenix et de devenir les Coyotes.

29 avril 1973

Lors du premier match de la finale de la Coupe Stanley, le Canadien de Montréal a marqué quatre buts en l'espace de 5 min 57 s en route vers une victoire de 8-3 contre Chicago. Il ne s'agissait pas d'un record puisque le Canadien avait déjà enfilé quatre buts en l'espace de 5 min 29 s en 1956.

30 avril 1972

Les Bruins de Boston ont établi un record de la finale de la Coupe Stanley en marquant deux buts en infériorité numérique pendant la même pénalité. Ken Hodge et Derek Sanderson avaient déjoué le gardien Ed Giacomin, des Rangers.

1er mai 1965

Le capitaine Jean Béliveau a aidé à blanchir les Blackhawks de Chicago 4-0 avec un but et une aide lors du septième match de la finale de la Coupe Stanley. Après le match, Béliveau a reçu le premier trophée Conn Smythe remis au joueur jugé le plus utile à son équipe dans les séries éliminatoires.

2 mai 1967

Les Maple Leafs de Toronto ont remporté leur quatrième Coupe Stanley en six ans en écrasant les Canadiens en six matchs.

Supériorité à trois

La LNH ne comptait que six équipes entre 1942 et 1967. La compétition était féroce... mais peu équilibrée. Les Bruins de Boston, les Rangers de New York et les Blackhawks de Chicago traînaient presque toujours loin derrière. Par contre, le Canadien de Montréal, les Maple Leafs de Toronto et les Red Wings de Detroit ont nettement dominé la scène en gagnant la Coupe Stanley 24 fois en 25 ans.

Les Leafs gagnent la Coupe de 1967.

Les Leafs ont été la première équipe de l'histoire à remporter la Coupe Stanley trois années de suite, entre 1947 et 1949. En 1951, ils en ont ajouté une quatrième en cinq ans.

Après la conquête des Blackhawks en 1961, les Maple Leafs ont repris le haut du pavé. L'entraîneur et directeur général Punch Imlach pouvait compter sur des vedettes établies comme George Armstrong, Tim Horton et Frank Mahovlich auxquelles se sont ajoutés Dave Keon, Red Kelly et Terry Sawchuk. L'équipe a signé un autre triplé en 1962, 1963 et 1964, avant que les Canadiens reviennent en force en 1965 et 1966. Les Maple Leafs ont mis fin aux espoirs d'un triplé du Canadien en 1967, la dernière fois que les Leafs ont mis la main sur la Coupe.

3 mai 1995

Jaromir Jagr, des Penguins de Pittsburgh, est devenu le premier joueur entraîné en Europe à remporter le trophée Art Ross à titre de champion pointeur de la LNH. En fait, Jagr a gagné quatre fois de suite le trophée Art Ross entre 1997-1998 et 2000-2001.

4 mai 2009

Alex Ovechkin et Sidney Crosby ont tous deux réussi le premier truc du chapeau de leur carrière en séries éliminatoires au cours du même match. Les Capitals d'Ovechkin ont défait les Penguins de Crosby, 4-3.

5 mai 1966

Henri Richard a procuré la Coupe Stanley aux Canadiens de Montréal en comptant le but décisif en prolongation du sixième match contre Detroit. Malgré la défaite, le gardien de but des Red Wings, Roger Crozier, a reçu le trophée Conn Smythe remis au joueur le plus utile à son équipe.

6 mai 1976

Deux semaines après que Darryl Sittler ait égalé un record des séries en marquant cinq buts contre Philadelphie, Reggie Leach, des Flyers, a répété l'exploit dans une victoire de 6-3 aux dépens des Bruins de Boston.

7 mai 1985

Jari Kurri, des Oilers d'Edmonton, a marqué trois buts dans une victoire de 7-3 dans un match éliminatoire contre les Blackhawks de Chicago. C'était le premier de trois tours du chapeau de Kurri dans cette série, un record pour le plus grand nombre de tours du chapeau dans une même série.

Le Finlandais volant

Dans son enfance en Finlande, dans les années 1970, Jari Kurri en savait peu sur la LNH. Après avoir représenté son pays aux Jeux olympiques de 1980, Kurri a été repêché par les Oilers d'Edmonton.

Jari Kurri fait une passe à Wayne Gretzky.

À sa première saison dans la LNH, il s'est retrouvé dans le trio de Wayne Gretzky. Les superbes passes de ce dernier lui ont permis de compter 32 buts à titre de recrue en 1980-1981. Gretzky et Kurri ont contribué à faire des Oilers l'offensive la plus redoutable de l'histoire de la LNH. En 1981-1982, l'équipe des Oilers a été la première à marquer 400 buts en une saison. Deux saisons plus tard, les Oilers ont amélioré ce record avec 446 buts et remporté la Coupe Stanley pour la première fois. Kurri a marqué 52 fois en 1983-1984. Il a inscrit 71 buts la saison suivante avant d'aider les Oilers à conserver la Coupe Stanley. En 1985-1986, Kurri a été le meilleur marqueur de la ligue avec 68 buts.

Kurri a contribué aux trois autres conquêtes de la Coupe Stanley des Oilers en 1987, 1988 et 1990. Dans sa carrière, Kurri a marqué 601 buts et amassé 1 398 points. Au moment de sa retraite en 1998, il était le meilleur pointeur de l'histoire parmi les joueurs nés en Europe.

8 mai 1973
Chicago et Montréal ont marqué un total record de 15 buts dans un match des séries de la Coupe Stanley. Les Blackhawks l'ont emporté 8-7 dans le cinquième match de la série finale.

9 mai 1992
Les Penguins de Pittsburgh ont amorcé une séquence record de 14 victoires consécutives en séries éliminatoires. Ils ont bouclé les séries de 1992 avec 11 victoires d'affilée, en route vers la conquête de la Coupe Stanley.

10 mai 1970
Bobby Orr a marqué après 40 secondes de jeu en prolongation aidant les Bruins à éliminer les Blues de St. Louis en quatre matchs en finale de la Coupe Stanley. C'était la première fois depuis 1941 que les Bruins gagnaient la Coupe Stanley.

11 mai 2003
Le Canada a vaincu la Suède 3-2 en prolongation dans le match ultime du Championnat mondial. Anson Carter a marqué le but de la victoire, mais il a fallu patienter plusieurs minutes pour qu'une reprise vidéo prouve que la rondelle avait bel et bien passé la ligne du but. C'était la première fois qu'on utilisait une reprise vidéo pour confirmer le gagnant du championnat mondial.

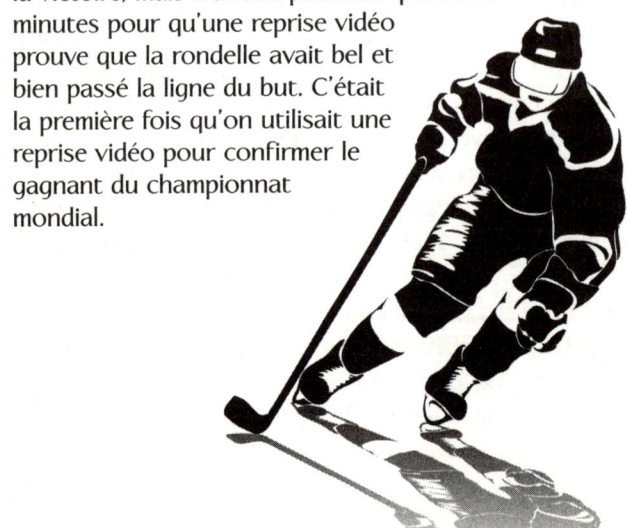

12 mai 1973
Les Suédois Borje Salming et Inge Hammarstrom ont signé des contrats avec les Maple Leafs de Toronto à titre de joueurs autonomes. Salming a été le premier Européen à s'élever au statut de vedette dans la LNH.

13 mai 1980
Un but en prolongation de Denis Potvin a permis aux Islanders de New York de gagner le premier match des éliminatoires de la Coupe Stanley contre les Flyers de Philadelphie. Le dernier match est également allé en surtemps. Le 24 mai 1980, Bob Nystrom a compté un but en supplémentaire et les Islanders ont remporté leur première Coupe Stanley.

14 mai 1927
La LNH a annoncé que le trophée Vézina serait remis au meilleur gardien de but de la ligue. Le Canadien de Montréal avait fait don du trophée à la ligue en hommage à son gardien de but vedette Georges Vézina, décédé l'année précédente.

15 mai 1990
Petr Klima a marqué à 15 min 13 s de la troisième période supplémentaire pour mettre fin au plus long match de la finale de la Coupe Stanley. Edmonton a défait Boston 3-2 dans le premier match des séries éliminatoires.

16 mai 1976
Reggie Leach, des Flyers de Philadelphie, a inscrit son 19^c but des séries éliminatoires. Le Canadien de Montréal a néanmoins gagné le match 5-3 et la Coupe Stanley en quatre matchs d'affilée, mais l'exploit de Leach lui a valu le trophée Conn Smythe à titre de joueur le plus utile à son équipe.

17 mai 1983

Les Islanders de New York ont battu les Oilers d'Edmonton 4-2, ce qui complétait un balayage en quatre matchs lors de la finale de 1983. Il s'agissait de la quatrième conquête d'affilée des Oilers, une de moins que le record établi par le Canadien de Montréal entre 1956 et 1960.

18 mai 1986

Brian Skrudland a marqué après seulement neuf secondes de jeu en prolongation; ainsi le Canadien a battu Calgary 3-2 dans le deuxième match de la série finale. Il s'agissait du but le plus rapide de l'histoire des séries éliminatoires de la LNH.

19 mai 1974

Les Flyers de Philadelphie a été la première équipe de l'expansion de 1967 à remporter la Coupe Stanley. Ils ont blanchi les Bruins 1-0 dans le sixième match de la finale.

20 mai 1993

Le Canadien de Montréal a établi une nouvelle marque des séries éliminatoires en gagnant un septième match consécutif en prolongation. Le Canadien a remporté trois autres victoires en surtemps en route vers une autre conquête de la Coupe Stanley.

21 mai 2009

Evgeni Malkin, des Penguins, a réussi le premier truc du chapeau de sa carrière en séries éliminatoires. Il a conduit les Penguins à une victoire de 7-4 sur les Hurricanes de la Caroline dans le deuxième match de la finale de la Conférence de l'Est.

Du pire au meilleur

Les Islanders de New York ont fait leur entrée dans la LNH en 1972-1973. Leur fiche, cette année-là, a été de 12-60-6 et leurs 60 défaites constituaient un record peu enviable. La dernière place au classement a valu aux Islanders le premier choix au repêchage amateur. Ils ont choisi Denis Potvin qui est vite devenu l'un des meilleurs défenseurs de la LNH. À leur troisième saison, les Islanders s'étaient sensiblement améliorés. Ils se sont rendus aux éliminatoires et ont même gagné deux séries. Quelques autres choix judicieux au repêchage (Clark Gillies, Bryan Trottier et Mike Bossy, entre autres) ont élevé les Islanders au niveau des meilleures équipes de la ligue. Ils ont connu quatre saisons consécutives de 100 points, mais ont vite été éliminés des séries. Puis, à leur huitième saison seulement, les Islanders ont remporté leur première Coupe Stanley.

Ils ont remporté la Coupe Stanley quatre fois de suite et se sont rendus en finale une cinquième fois l'année suivante, en 1984. Cependant, ils ont été éliminés par les Oilers d'Edmonton. Avant cette défaite, les Islanders avaient gagné 19 matchs des séries éliminatoires de suite, un exploit qui demeure inégalé.

22 mai 1970
Les villes de Buffalo et de Vancouver ont été admises dans la LNH pour la saison 1970-1971.

23 mai 1991
Larry Murphy, des Penguins de Pittsburgh, a égalé deux records en finale de la Coupe Stanley en récoltant trois aides en première période et quatre au cours du match.

24 mai 1986
Le Canadien de Montréal a remporté la Coupe Stanley pour la 23e fois de son histoire, établissant une nouvelle marque pour le plus grand nombre de championnats remportés par une équipe professionnelle. Le Canadien était à égalité avec l'équipe de baseball, les Yankees de New York, qui ont remporté 22 fois la Série mondiale.

25 mai 1989
Les Flames de Calgary ont gagné la Coupe Stanley pour la première fois en battant le Canadien de Montréal 4-2 en six matchs.

26 mai 2000
En l'emportant 2-1 dans le septième match de la finale de la Conférence de l'Est contre les Flyers de Philadelphie, les Devils du New Jersey sont devenus la première équipe à se rendre aux finales de la Coupe Stanley après avoir comblé un déficit de trois matchs contre un.

La bataille de l'Alberta

Les villes de Calgary et d'Edmonton sont rivales depuis fort longtemps. La rivalité remonte aussi loin que les années 1880 lorsque le Canadien Pacifique a décidé que sa voie ferrée traverserait Calgary plutôt qu'Edmonton. Cent ans plus tard, la rivalité persiste toujours, mais les plus grandes batailles de l'Alberta des années 1980 se déroulent sur la glace.

Lanny McDonald serre la Coupe.

Entre 1983 et 1990, les Flames de Calgary ou les Oilers d'Edmonton se sont rendus aux finales de la Coupe Stanley huit années de suite. Les deux équipes se sont affrontées souvent en séries et les chances étaient excellentes que l'une d'elles remporte la Coupe Stanley. Plus souvent qu'autrement, ce fut les Oilers. Mais en 1986, Calgary a surpris Edmonton dans une série de sept matchs âprement disputés. Les Flames ont eu le dernier mot lorsque le défenseur Steve Smith a marqué dans son propre filet. Edmonton a vaincu Calgary une autre fois en 1988, mais les Flames ont pris leur revanche l'année suivante. Les vedettes comme Joe Mullen, Joe Nieuwendky, Doug Gilmour et Al MacInnis ont mené l'équipe vers la conquête de la Coupe, cependant c'est le vétéran Lanny McDonald qui a inscrit le but de la victoire.

27 mai 1994
Après que Mark Messier eut promis aux partisans que les Rangers gagneraient le sixième match – ce qu'ils ont fait – les Rangers ont vaincu les Devils du New Jersey 2-1 en deuxième période supplémentaire du septième match de la finale de la Conférence de l'Est. Trois matchs de la série – un record – ont nécessité deux périodes de surtemps.

28 mai 2002
En marquant en prolongation, Martin Gélinas a permis aux Hurricanes de la Caroline d'atteindre la finale de la Coupe Stanley pour la première fois.

29 mai 1993
Wayne Gretzky a réussi un tour du chapeau et a mené Los Angeles à la victoire en battant Toronto 5-4 dans le septième match de la finale de la Conférence de l'Ouest. Il s'agissait du huitième tour du chapeau de Gretzky en séries éliminatoires, améliorant la marque de sept qu'il partageait avec Maurice Richard et Jari Kurri.

30 mai 1985
Jari Kurri a égalé la marque de 19 buts en séries éliminatoires de Reggie Leach et les Oilers d'Edmonton ont remporté leur deuxième Coupe Stanley consécutive en prenant la mesure des Flyers de Philadelphie 8-3.

31 mai 2004
Brad Richards, du Lightning de Tampa Bay, a établi un record de la LNH avec son septième but victorieux des séries de 2004. Il a inscrit le seul but d'une victoire de 1-0 sur Calgary dans le quatrième match de la finale de la Coupe Stanley.

1er juin 1992
Pour la première fois, un match de la LNH a été disputé au mois de juin. Pittsburgh a éliminé Chicago en quatre matchs et a remporté la Coupe Stanley pour une deuxième année de suite.

En plein dans le mille

Mark Messier est devenu une vedette avec les Oilers d'Edmonton dans les années 1980 et une légende avec les Rangers de New York en 1994.

Il a gagné la Coupe Stanley quatre fois avec les Oilers dans les années 1980. Après le départ de Wayne Gretzky en 1988, Messier a mené les Oilers à une autre conquête de la Coupe en 1990. Les Rangers voulaient qu'il en fasse autant lorsqu'il a signé un contrat avec eux en 1991.

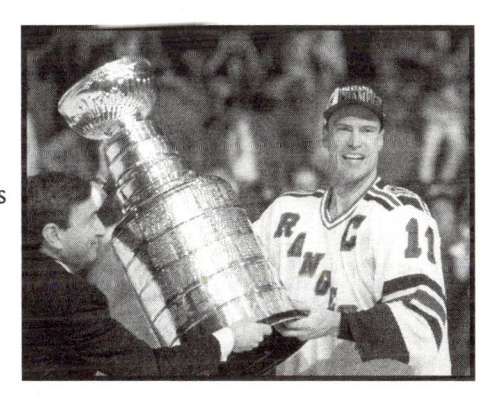

Les Rangers ont terminé la saison 1993-1994 au premier rang du classement. Ils ont écarté les Islanders et les Capitals dans les deux premiers tours des séries, avant de se buter aux coriaces Devils en finale de la Conférence de l'Est. Les Devils menaient 3-2 dans la série lorsque Messier a promis une victoire dans le sixième match. Il a marqué trois buts en troisième période et les Rangers l'ont emporté, 4-2. Ils ont remporté la finale de la série grâce au but de Stephane Matteau, en deuxième prolongation du septième match.

Face aux Canucks en finale, les Rangers ont failli perdre leur avance de 3-1 avant de l'emporter 3-2 dans le septième match. Et c'est encore Mark Messier qui a réussi le but de la victoire.

2 juin 1948
La LNH a annoncé que le champion marqueur recevrait dorénavant le trophée Art Ross.

3 juin 1993
Éric Desjardins, du Canadien de Montréal, est devenu le premier défenseur de l'histoire de la LNH à réussir un tour du chapeau en finale de la Coupe Stanley.

4 juin 1996
Pour la première fois de l'histoire, les deux équipes en finale de la Coupe Stanley en étaient à leur première participation. La finale de 1994 a commencé à Denver par une victoire de 3-1 de l'Avalanche du Colorado sur les Panthers de la Floride.

5 juin 2006
Chris Pronger, des Oilers d'Edmonton, est devenu le premier joueur de l'histoire de la finale de la Coupe Stanley à marquer un but sur un tir de pénalité. Pronger a déjoué Cam Ward... mais les Hurricanes de la Caroline ont quand même gagné le match 5-4.

6 juin 2007
Les Ducks d'Anaheim a été la première équipe de la Californie à remporter la Coupe Stanley. Ils ont eu raison des Sénateurs d'Ottawa 6-2 dans le cinquième match de la finale.

7 juin 1972
Gordie Howe et Jean Béliveau étaient parmi un groupe de cinq joueurs intronisés au Temple de la renommée du hockey. Howe et Béliveau ont été admis sans devoir attendre la période obligatoire de trois ans après avoir annoncé leur retraite.

8 juin 1996
Un match de la Coupe Stanley a été présenté en Floride pour la première fois. L'équipe Avalanche du Colorado a arraché une victoire de 3-2 aux Panthers de la Floride, à l'aréna de Miami.

Le Temple de la renommée

L'intronisation au Temple de la renommée est la consécration réservée aux grands du hockey.

Un comité de sélection procède au choix des joueurs admis au Temple de la renommée. Les règles stipulent qu'un joueur doit être à la retraite depuis trois ans avant d'être admissible à l'intronisation. Il y a toutefois eu quelques exceptions au fil des années.

Dit Clapper a été le premier à profiter de ce privilège en 1947. Le suivant a été Maurice Richard en 1961. Le « Rocket » était le meilleur marqueur de tous les temps avec 544 buts lorsqu'il a annoncé qu'il prenait sa retraite en septembre 1960. L'édifice abritant le Temple de la renommée devant ouvrir ses portes l'été suivant, le moment ne pouvait être mieux choisi pour y admettre Maurice Richard.

Au fil des années, huit autres joueurs ont reçu le même honneur en raison de leur talent exceptionnel : Ted Lindsay (1966), Red Kelly (1969), Terry Sawchuk (1971), Jean Béliveau (1972), Gordie Howe (1972), Bobby Orr (1979), Mario Lemieux (1997) et Wayne Gretzky (1999). Après l'intronisation de Gretzky, la LNH a annoncé qu'elle ne dérogerait plus à l'attente obligatoire de trois ans.

Bobby Orr fait un discours, lors de son intronisation.

9 juin 1993
Le Canadien de Montréal a pris la mesure des Kings de Los Angeles et a remporté la 24e Coupe Stanley de son histoire. Proclamé le joueur le plus utile à son équipe, Patrick Roy a reçu le trophée Conn Smythe pour la deuxième fois de sa carrière.

10 juin 1996
L'Avalanche a été la première équipe de l'histoire à remporter la Coupe Stanley à sa première année dans une nouvelle ville. Les Nordiques de Québec venaient de déménager à Denver après 16 saisons dans la Vieille Capitale.

11 juin 1969
Les Blackhawks de Chicago ont réclamé Tony Esposito du Canadien de Montréal pour 25 000 $. Il a établi un record des temps modernes avec 15 blanchissages en 1969-1970. Il a été un des meilleurs gardiens de but de l'histoire de la LNH.

12 juin 2009
À 21 ans, Sidney Crosby est devenu le plus jeune capitaine de l'histoire à soulever la Coupe Stanley lorsque les Penguins ont triomphé des Red Wings de Detroit. Evgeni Malkin est aussi devenu le premier joueur russe à recevoir le trophée Conn Smythe remis au joueur le plus utile à son équipe durant les séries éliminatoires.

13 juin 1974
Don Cherry a été nommé entraîneur des Bruins de Boston. Comme joueur, Cherry a évolué pendant 16 ans dans les ligues mineures, mais n'a disputé qu'un seul match dans la LNH. En cinq ans comme entraîneur, il a mené les Bruins à quatre championnats de division. Il a été proclamé l'entraîneur de l'année (trophée Jack Adams) en 1975-1976, mais n'a jamais gagné la Coupe Stanley.

14 juin 1994
Les Rangers de New York ont remporté la Coupe Stanley pour la première fois en 54 ans. Ils ont eu raison des Canucks de Vancouver 3-2 dans le septième match.

Malédiction!

En remportant la Coupe Stanley en 1940, les Rangers de New York en étaient à leur troisième conquête en seulement 14 saisons dans la LNH. Il leur a fallu patienter 54 années avant de soulever de nouveau le précieux trophée! Plusieurs ont prétendu que Red Dutton avait jeté un mauvais sort aux Rangers. Pendant plusieurs années, Dutton a dirigé les Americans de New York, la première équipe de New York à jouer dans la LNH. L'équipe Americans n'a jamais connu autant de succès que les Rangers et on raconte que Dutton aurait jeté un mauvais sort aux Rangers lorsque les Americans ont été forcés à quitter la LNH en 1942.

Les Rangers de New York et la Coupe Stanley de 1940

Une histoire encore plus savoureuse a circulé à propos de la malédiction des Rangers. Durant la saison 1940-1941, l'emprunt bancaire ayant servi à la construction du Madison Square Garden a été remboursé et les propriétaires de l'équipe ont décidé de brûler les papiers de l'hypothèque dans le bol de la Coupe Stanley. Selon la légende, ce geste aurait déplu aux dieux du hockey... et ce serait la raison pour laquelle les Rangers ont mis autant de temps avant de gagner de nouveau la coupe.

15 juin 1985
Le repêchage amateur de 1985 a eu lieu à Toronto. Détenteurs du premier choix, les Maple Leafs de Toronto ont réclamé Wendel Clark, qui est devenu plus tard le capitaine de l'équipe.

16 juin 1998
Detroit a remporté la Coupe Stanley pour une deuxième année de suite. Pour l'entraîneur Scotty Bowman, il s'agissait d'une huitième conquête en carrière, soit le même nombre que Toe Blake. Bowman a amélioré cette marque avec une 9e Coupe en 2002.

17 juin 1989
Mats Sundin est devenu le premier joueur européen réclamé au tout premier rang du repêchage amateur de la LNH. Le jeune Suédois a été le premier choix au total du repêchage amateur de 1985 des Nordiques de Québec.

18 juin 1989
Même s'il n'a jamais évolué dans la LNH, le gardien de but soviétique Vladislav Tretiak a été le premier joueur européen admis au Temple de la renommée du hockey.

Le grand Tretiak

Vladislav Tretiak a été l'un des plus grands gardiens de but du hockey.

Tretiak a commencé à jouer au hockey à l'âge de 11 ans. À 15 ans, il s'entraînait avec l'équipe de l'Armée rouge, la meilleure équipe de l'Union soviétique. Il

Tretiak fait un arrêt contre Équipe Canada.

s'est joint à l'équipe à 17 ans et l'a menée à 13 championnats de la ligue au cours des 16 années suivantes.

Tretiak a retenu l'attention des amateurs de hockey d'Amérique du Nord par sa brillante performance lors de la Série du siècle de 1972 entre les Soviétiques et Équipe Canada. Il a été proclamé le joueur le plus utile à son équipe lorsque les Soviétiques ont gagné la Coupe Canada en 1981. Il a reçu trois années de suite, de 1981 à 1983, le Bâton d'or remis au joueur par excellence en Europe.

Tretiak s'est retiré du hockey après la saison 1983-1984. Il a participé 10 fois au Championnat mondial et récolté trois médailles d'or olympiques. Au Championnat mondial de 1998, il a une moyenne de buts accordés de 1,92. En 19 matchs olympiques, son efficacité a été de 1,74 but alloué par match. En 2006, Tretiak était à la tête de la Fédération de hockey sur glace de Russie.

19 juin 1973

Deux ans après son départ de la LNH, Gordie Howe a effectué un retour au jeu avec les Aeros de Houston de l'Association mondiale de hockey qui comptaient dans leurs rangs ses fils Mark et Marty. Le trio Howe a été la première combinaison père-fils à évoluer ensemble au sein d'une même équipe, tous sports majeurs confondus.

20 juin 1995

Les Devils du New Jersey ont égalé un record des séries éliminatoires avec une septième victoire consécutive à l'étranger en battant Detroit 4-2 dans le deuxième match de la série finale de la Coupe Stanley.

21 juin 1999

La LNH a annoncé de nouvelles règles concernant la prolongation en saison régulière. Les deux équipes allaient jouer à quatre contre quatre et l'équipe perdante allait récolter un point si le match était gagné en prolongation. (La formule aux tirs de barrage n'a été introduite qu'en 2005-2006.)

22 juin 1979

Le nombre des équipes est passé de 17 à 21 lorsque la LNH a accepté dans ses rangs quatre formations de l'Association mondiale de hockey : les Oilers d'Edmonton, les Nordiques de Québec, les Jets de Winnipeg et les Whalers d'Hartford.

23 juin 2006

Les Canucks de Vancouver ont obtenu Roberto Luongo dans une transaction avec les Panthers de la Floride. Luongo a été l'un des meilleurs gardiens de but de la LNH.

24 juin 1980
La concession des Flames a officiellement été transférée à Calgary. Avant de devenir les Flames de Calgary, l'équipe avait évolué à Atlanta depuis 1972.

25 juin 1997
La LNH a annoncé son intention de passer de 26 à 30 équipes d'ici l'an 2000. Au cours des quelques saisons suivantes, Atlanta, Nashville, Columbus et Minnesota allaient se rallier à la LNH.

26 juin 1999
À la suite de tractations avec les Islanders, Tampa et Atlanta, Vancouver a mis la main sur les deuxième et troisième choix du repêchage amateur de 1999. Les Canucks en ont profité pour réclamer les jumeaux Daniel et Henrik Sedin qui ont été deux des meilleurs marqueurs de l'histoire de l'équipe.

27 juin 1972
La supervedette de la LNH, Bobby Hull, a conclu une entente avec les Jets de Winnipeg de l'Association mondiale de hockey. La mise sous contrat de Hull a servi de rampe de lancement au nouveau circuit. Il a paraphé une entente de dix ans évaluée à 2,75 millions de dollars, le contrat le plus lucratif de l'histoire du hockey à l'époque.

28 juin 1994
Pendant la séance de repêchage de 1994, les Maple Leafs de Toronto ont échangé Wendel Clark, Sylvain Lefebvre, Landon Wilson et un choix de repêchage aux Nordiques de Québec en retour de Mats Sundin, Garth Butcher, Todd Warriner et un choix de repêchage.

29 juin 1990
Les Blackhawks ont échangé l'habile marqueur Denis Savard aux Canadiens de Montréal en retour du défenseur Chris Chelios. Savard venait de Montréal et les partisans du Canadien n'avaient pas apprécié que l'équipe n'en ait pas fait son premier choix au repêchage de 1980.

30 juin 1993
Ron Wilson est devenu le premier entraîneur de l'histoire des Ducks d'Anaheim.

1er juillet 1996
Déménagés à Phoenix, les Jets de Winnipeg ont été rebaptisés les Coyotes.

Un vent de changements

À l'arrivée de l'Association mondiale de hockey en 1972, la LNH devait composer avec un rival pour la première fois depuis de nombreuses années. Personne n'avait réellement défié la LNH depuis la disparition de la Ligue de hockey de l'Ouest en 1926. L'AMH a sensiblement modifié le visage du hockey. La LNH a ajouté plusieurs nouvelles concessions dans les années 1970 dans le but d'empêcher l'AMH d'envahir de nouveaux marchés. L'AMH a contre-attaqué en offrant des contrats alléchants à ses joueurs, forçant la LNH à l'imiter si elle voulait garder ses joueurs. Au début des années 1970, le salaire moyen était de 18 000 $ dans la LNH. Au début des années 1980, il était passé à plus de 100 000 $.

Bobby Hull

Bobby Hull a été la plus grande vedette à se rallier à l'AMH, attiré par les millions de dollars. D'autres joueurs de la LNH ont imité le geste de Hull. Plusieurs joueurs au succès mitigé dans la LNH sont devenus de grandes vedettes dans l'AMH. La nouvelle ligue a aussi ouvert ses portes aux joueurs européens plus rapidement que la LNH et elle a même permis à Wayne Gretzky de jouer lorsqu'il avait seulement 17 ans.

L'AMH a survécu pendant sept ans. Quatre de ses équipes et plusieurs de ses joueurs sont passés à la LNH en 1979.

2 juillet 2001
Le Wild du Minnesota a embauché les joueurs autonomes Jason Marshall et Dwayne Roloson. Le Wild a échangé Roloson aux Oilers d'Edmonton à la date limite des transactions en 2006.

3 juillet 1970
Teemu Selanne est né à Helsinki, en Finlande. Il a établi un record pour les recrues de la LNH lorsqu'il a inscrit 76 buts avec les Jets de Winnipeg en 1992-1993.

4 juillet 2007
Les Flames de Calgary ont consenti à Jarome Iginla une prolongation de contrat de cinq ans évaluée à 35 millions de dollars. La nouvelle entente s'échelonne de la saison 2008-2009 à la saison 2012-2013.

5 juillet 2000
Dave King a été embauché à titre de premier entraîneur de l'histoire des Blue Jackets de Columbus.

6 juillet 2004
Les Sénateurs d'Ottawa ont mis sous contrat le gardien de but et joueur autonome Dominik Hasek. Hasek avait mené les Red Wings de Detroit à la conquête de la Coupe Stanley en 2002. Auparavant, avec les Sabres de Buffalo, Hasek a été le premier gardien de l'histoire à remporter deux fois le trophée Hart du joueur le plus utile à son équipe.

7 juillet 1998
La grande vedette canadienne du hockey féminin, Hayley Wickenheiser, est invitée au camp des recrues des Flyers de Philadelphie d'une durée de huit jours.

L'éclair de Finlande

Aucun autre joueur de l'histoire n'a fait une entrée dans la LNH aussi remarquable que celle de Teemu Selanne. Pendant sa première saison, en 1992-1993, Selanne a établi un record de buts en tant que recrue qui ne sera peut-être jamais égalé.

Les Jets de Winnipeg avaient fait de Selanne le 10e choix au repêchage amateur de 1988. Selanne a mis quatre ans avant de quitter la Finlande, mais la patience des Jets a été récompensée. En 1992, lors de son premier match, Selanne a récolté sa première aide. Il a marqué son premier but deux soirs plus tard… et a continué à marquer depuis. Mike Bossy détenait la marque de 53 buts par une recrue jusqu'à ce que Selanne inscrive son 54e avec encore un mois à écouler dans la saison. Selanne a connu une saison de 76 buts. Seulement trois autres joueurs dans l'histoire ont marqué plus de buts en une saison. Avec 132 points, Selanne a établi un autre record pour une recrue.

Selanne est demeuré un redoutable marqueur tout au long de sa carrière. En trouvant le fond du filet 48 fois avec les Ducks d'Anaheim en 2006-2007, il en était à une septième saison de 40 buts ou plus. À 36 ans, Selanne était le plus vieux joueur de l'histoire à marquer plus de 45 buts en une saison.

8 juillet 1995
Le repêchage amateur de la LNH de 1995 a eu lieu à Edmonton. Détenteurs du premier choix, les Sénateurs d'Ottawa ont réclamé Bryan Berard qu'ils ont par la suite échangé aux Islanders de New York, en retour d'un deuxième choix, Wade Redden. Shade Doan a été le 7e choix et Jarome Iginla le 11e choix.

9 juillet 1997
David Poile est devenu le premier directeur général de la nouvelle équipe des Predators de Nashville.

10 juillet 2007
Les Penguins de Pittsburgh ont accordé à Sidney Crosby une prolongation de contrat de cinq ans évaluée à 45 millions de dollars et s'échelonnant de la saison 2008-2009 à la saison 2012-2013. Crosby allait toucher un salaire moyen de 8,7 millions de dollars par année, à l'image de son numéro 87.

11 juillet 1963
Al MacInnis est né à Port Hood, en Nouvelle-Écosse. Il a fait résonner son lancer frappé pendant 23 ans dans la LNH, de 1981-1982 à 2003-2004. MacInnis a été intronisé au Temple de la renommée du hockey en 2007.

12 juillet 1972
Équipe Canada a dévoilé l'identité des 35 joueurs choisis pour participer à la Série du siècle contre l'Union soviétique. La série a commencé le 2 septembre au Forum de Montréal. C'est la confrontation la plus célèbre de l'histoire du hockey.

13 juillet 2007
Brent Sutter a été nommé entraîneur des Devils du New Jersey. Sutter était médaillé d'or aux Mondiaux juniors en 2005 et 2006, il avait dirigé Équipe Canada. Il a été l'un des six frères Sutter à jouer dans la LNH et le quatrième à devenir entraîneur.

Un tir foudroyant

Après en avoir fait leur premier choix au repêchage amateur de 1981, les Flames de Calgary n'ont pas brusqué les choses avec Al MacInnis. Ce n'est qu'en 1984-1985 qu'il a disputé sa première saison complète avec les Flames. Il est vite devenu l'un des meilleurs défenseurs de la ligue.

Lorsque les Flames ont remporté la Coupe Stanley en 1989, MacInnis a été le premier défenseur en 11 ans à dominer la liste des pointeurs en séries et le quatrième défenseur de l'histoire à gagner le trophée Conn Smythe. En 1990-1991, MacInnis a été le quatrième défenseur, après Bobby Orr, Denis Potvin et Paul Coffey, à connaître une saison de 100 points.

Mais les gens se souviennent surtout du lancer frappé de MacInnis. À l'aide d'un bon vieux bâton de bois, MacInnis pouvait propulser la rondelle à une vitesse de 160 km/h. Il a remporté sept fois l'épreuve du tir le plus puissant au match des Étoiles.

Al MacInnis a commencé à perfectionner son lancer à l'âge de neuf ans. « Je n'ai jamais pensé que cela finirait comme ça et que mon lancer frappé me rendrait célèbre », a-t-il dit.

14 juillet 1976
La LNH a ratifié officiellement la vente des Seals de la Californie et l'équipe est devenue les Barons de Cleveland. Une équipe de la LNH déménageait dans une nouvelle ville pour la première fois depuis que les Senators d'Ottawa étaient devenus les Eagles de St. Louis, en 1934.

15 juillet 1997
Marc Crawford, entraîneur de l'Avalanche du Colorado, a été nommé entraîneur d'Équipe Canada en vue des Jeux olympiques d'hiver de 1998. Pour la première fois, la LNH a interrompu sa saison afin de permettre aux joueurs de participer aux Jeux de Nagano, au Japon.

16 juillet 1988
La supervedette des Oilers, Wayne Gretzky, a épousé l'actrice Janet Jones lors d'une somptueuse cérémonie à Edmonton. Des centaines d'invités étaient présents et les rues aux abords de l'église étaient bondées de partisans.

17 juillet 1994
Les Blues de St. Louis ont confié les doubles fonctions d'entraîneur et de directeur général à Mike Keenan. Keenan avait quitté les Rangers deux jours plus tôt... à peine un mois après les avoir menés à la Coupe Stanley.

18 juillet 2003
Sergei Federov, des Red Wings, a été le premier récipiendaire du trophée Kharlamov, remis au meilleur joueur russe évoluant dans la LNH. (Voir le 27 août 1981.)

La LNH aux Jeux

Si de futurs joueurs de la LNH ont déjà pris part à chaque tournoi olympique de hockey depuis 1920, les joueurs actifs, eux, ont dû patienter jusqu'en 1988 avant d'avoir la permission d'y participer. Et encore là, aux Jeux de Calgary, seulement cinq joueurs de la LNH étaient présents puisque la saison de la LNH était toujours en cours.

Les Jeux de 1998, à Nagano, au Japon, ont marqué la première fois où tous les joueurs de la LNH sont devenus admissibles à une participation aux Jeux olympiques, la LNH ayant consenti d'interrompre ses activités pendant deux semaines au mois de février. Un total de 122 joueurs de la LNH ont pu représenter leur pays respectif à Nagano.

Dominik Hasek

Les amateurs de hockey d'Amérique du Nord fondaient beaucoup d'espoir sur Equipe Canada et sur les États-Unis. Le parcours des Américains s'est arrêté en quart de finale. Le Canada a atteint les demi-finales, mais s'est incliné 2-1 en tirs de barrage, face à la République tchèque.

La finale a opposé les Tchèques aux Russes. Auteur de neuf buts en cinq matchs pour la Russie, Pavel Bure, des Canucks, n'a pas réussi à déjouer Dominik Hasek et les Tchèques l'ont emporté 1-0.

19 juillet 1892
Dick Irvin est né à Hamilton, en Ontario. Joueur vedette dans les années 1910 et 1920, Irvin est devenu un entraîneur remarquable avec les Maple Leafs de Toronto et le Canadien de Montréal dans les années 1930, 1940 et 1950. Son fils, le commentateur Dick Irvin, est membre du Temple de la renommée du hockey.

20 juillet 1990
Les Penguins de Pittsburgh ont mis sous contrat le joueur autonome Bryan Trottier. L'ancienne vedette des Islanders a été l'un des meilleurs marqueurs de l'histoire du hockey. Il a remporté la Coupe Stanley quatre fois avec les Islanders et deux fois avec les Penguins.

21 juillet 1996
Les Rangers de New York ont annoncé la mise au contrat du joueur autonome Wayne Gretzky. L'équipe des Rangers a été la quatrième et dernière équipe de la carrière de Gretzky.

22 juillet 2005
La LNH a tenu un tirage pour déterminer l'ordre de sélection de chacune des 30 équipes au repêchage amateur de 2005. Pittsburgh a été favorisé par le sort et a réclamé Sidney Crosby lors de la séance de repêchage, huit jours plus tard. (Voir le 30 juillet 2005.)

Les Penguins gagnent le tirage

L'ordre de sélection au repêchage amateur de la LNH est basé sur le classement final de la saison. Une formule de tirage est utilisée pour éviter qu'aucune équipe ne se retrouve au dernier rang de plein gré dans le but d'obtenir le premier choix. Malgré tout, plus une équipe termine loin au classement, meilleures sont ses chances d'obtenir le premier choix. Et comme aucune équipe ne peut améliorer sa situation de plus de quatre positions, une des cinq pires équipes choisira toujours en premier. Mais qu'advient-il s'il n'y a pas de classement final, comme cela s'est produit en 2005? La saison 2004-2005 avait été annulée en raison d'un lock-out. Certains s'attendaient à ce que la LNH recoure au même ordre qu'au repêchage de 2004. D'autres ont proposé qu'un nouveau tirage soit basé sur le classement de la saison 2003-2004, ce qui aurait signifié que seulement cinq équipes auraient eu accès au premier choix. Tous savaient que Sidney Crosby allait être le premier choix de 2005 et toutes les équipes souhaitaient le réclamer.

Ainsi, la LNH a mis en place une formule équitable pour tous. Les Penguins l'une des pires équipes de la ligue ont pu mettre la main sur Crosby.

23 juillet 1957

Les Red Wings ont échangé aux Blackhawks deux futurs membres du Temple de la renommée du hockey. Chicago a obtenu Ted Lindsay et Glenn Hall en retour de Johnny Wilson, Hank Bassen, Forbes Kennedy et Bill Preston, de bons joueurs, certes, mais pas de véritables vedettes.

24 juillet 1924

Dudley « Red » Garrett est né à Toronto. Il a joué brièvement avec les Rangers de New York en 1942-1943, avant de se joindre à la Marine durant la Seconde Guerre mondiale. Il a perdu la vie au combat le 24 novembre 1944. Le trophée remis à la recrue de l'année dans la Ligue américaine de hockey porte son nom.

25 juillet 2007
Après en avoir fait leur premier choix au repêchage de 2007, les Blackhawks de Chicago ont signé un contrat avec Patrick Kane.

26 juillet 1972
Gerry Cheevers a signé une entente avec les Crusaders de Cleveland de l'Association mondiale de hockey. Cheevers avait aidé les Bruins à remporter la Coupe Stanley en 1970 et 1972. Cheevers arborait un masque de gardien sur lequel étaient peints de nombreux points de suture, ce qui le démarquait des autres.

27 juillet 1995
Dans une transaction-choc, les Blues de St. Louis ont échangé l'ailier gauche étoile Brendan Shanahan aux Whalers d'Hartford contre le jeune et talentueux défenseur Chris Pronger.

28 juillet 1998
Les Canucks de Vancouver ont annoncé l'embauche du joueur autonome Mark Messier. À l'époque, il s'agissait du contrat le plus lucratif de l'histoire : une entente de trois ans évaluée à près de 21 millions de dollars.

29 juillet 1925
Ted Lindsay est né à Renfrew, en Ontario. Lindsay a brillé dans la LNH pendant 17 saisons, surtout avec les Red Wings de Detroit et au sein du même trio que Gordie Howe.

30 juillet 2005
Les Penguins de Pittsburgh ont fait de Sidney Crosby le tout premier choix du repêchage amateur de 2005 tenu à Ottawa.

31 juillet 1986
Evegni Malkin est né à Magnitogorsk, en Russie. Il a été le premier choix de Pittsburgh, deuxième au total, au repêchage amateur de 2004, derrière Alex Ovechkin. Il s'est joint aux Penguins en 2006-2007.

1ᵉʳ août 2005

Randy Carlyle a été embauché comme entraîneur des Ducks d'Anaheim. Carlyle a joué 17 saisons dans la LNH sans jamais remporter la Coupe Stanley. Il l'a gagnée lors de sa deuxième année comme entraîneur en 2006-2007.

2 août 2007

Les Oilers d'Edmonton ont mis sous contrat le joueur autonome Dustin Penner. Penner venait d'aider les Ducks d'Anaheim à remporter la Coupe Stanley. Parce qu'il était joueur autonome avec compensation, les Oilers ont dû céder trois choix de repêchage aux Ducks.

3 août 1951

Marcel Dionne est né à Drummondville, au Québec. Il a brillé pendant 18 saisons dans la LNH, surtout avec les Kings de Los Angeles. Dionne a été le troisième joueur de l'histoire à marquer plus de 700 buts et à amasser 1 000 points.

4 août 2005

Après avoir excellé pendant 13 saisons avec les Devils du New Jersey, Scott Niedermayer a signé un contrat avec les Ducks d'Anaheim. Niedermayer a reçu le trophée Conn Smythe du joueur le plus utile à son équipe après avoir aidé les Ducks à remporter la Coupe Stanley en 2007.

5 août 1937

Herb Brooks est né à St. Paul, au Minnesota. En 1960, il avait été le dernier joueur retranché de l'équipe olympique américaine qui avait par la suite remporté une surprenante médaille d'or. En 1980, il était l'entraîneur de l'équipe de hockey olympique américaine et a mené l'équipe vers la victoire la plus surprenante de l'histoire du tournoi de hockey olympique.

La Coupe dans l'Ouest

Lorsqu'ils ont gagné la Coupe Stanley en 2007, les Ducks d'Anaheim ont été la première équipe de la Californie à remporter le trophée tant convoité. Ils étaient peut-être les premiers champions de la côte Ouest de l'histoire de la LNH... mais pas les premiers de l'histoire du hockey.

Depuis 1927, seules les équipes de la LNH peuvent se disputer la Coupe Stanley. Cependant, dans les premiers temps du hockey, d'autres ligues pouvaient aspirer à la Coupe Stanley. Les Millionnaires de Vancouver étaient membres de l'Association de hockey de la Côte du Pacifique (AHCP) lorsqu'ils ont remporté la Coupe en 1915, soit la première Coupe Stanley décernée à une équipe établie plus à l'ouest de Winnipeg, ce dernier avait remporté la Coupe dans les années 1890 et 1900. Deux ans plus tard, en 1917, les Metropolitans de Seattle, également de l'AHCP, ont été la première équipe d'une ville américaine à remporter la Coupe Stanley.

En 1925, les Cougars de Victoria de la Ligue de hockey de l'Ouest canadien ont été la dernière équipe ne faisant pas partie de la LNH à gagner la Coupe Sanley.

6 août 2004
Les Coyotes de Phoenix ont mis sous contrat le joueur autonome Brett Hull. Phoenix a été la dernière équipe de la carrière de Hull, auteur de 741 buts, le troisième total parmi les plus hauts de l'histoire de la LNH.

7 août 1987
Sidney Crosby est né à Cole Harbour, en Nouvelle-Écosse. Crosby porte le numéro 87, l'année de sa naissance et il est aussi né le huitième mois au jour sept.

8 août 1992
Le Lightning de Tampa Bay a mis sous contrat la gardienne de but Manon Rhéaume, la première femme à signer un contrat de la LNH. Elle a fait ses débuts lors d'un match préparatoire le 23 septembre 1992, mais n'a jamais participé à un match en saison régulière.

9 août 1988
Dans un geste qui a secoué les amateurs de hockey au Canada, les Oilers d'Edmonton ont échangé Wayne Gretzky aux Kings de Los Angeles. L'échange a contribué à populariser le hockey aux États-Unis.

10 août 1989
Corey Millen s'est finalement entendu avec les Rangers de New York… sept ans après avoir été réclamé au repêchage de 1982.

11 août 1920
Chuck Rayner est né à Sutherland, en Saskatchewan. Rayner a été proclamé le joueur le plus utile à son équipe en 1949-1950, devenant le deuxième gardien de but de l'histoire à recevoir le trophée Hart.

12 août 1981
Serge Savard a annoncé sa retraite après 15 saisons avec le Canadien de Montréal. Savard a aidé l'équipe à remporter huit fois la Coupe Stanley. En 1969, il a été le premier défenseur à remporter le trophée Conn Smythe à titre de joueur par excellence des séries éliminatoires. En octobre 1981, Savard a effectué un retour au jeu et a disputé deux saisons avec les Jets de Winnipeg. Il a tiré sa révérence pour de bon en 1983.

Place aux dames

À l'instar de plusieurs joueuses de hockey, Manon Rhéaume a grandi en jouant au hockey avec les garçons. À l'âge de 11 ans, elle a été la première fille à participer au Tournoi international pee-wee de Québec, dans lequel plusieurs futurs joueurs de la LNH se sont illustrés.

Le 26 novembre 1991, dans l'uniforme des Draveurs de Trois-Rivières de la Ligue de hockey junior majeur du Québec, Rhéaume a été la première femme à jouer au hockey junior majeur au Canada. Ayant reçu un tir qui a fracassé son masque, elle avait quitté la patinoire le visage ensanglanté.

Plus tard, durant la saison 1991-1992, Rhéaume a aidé Équipe Canada à décrocher l'or au Championnat mondial féminin. Le Lightning de Tampa Bay lui a fait signer un contrat et l'a invitée à son camp d'entraînement. Le 23 septembre 1992, elle a disputé la première période d'un match préparatoire contre les Blues de St. Louis. Ainsi, Rhéaume a été la première femme à prendre part à un match de l'un ou l'autre des quatre sports majeurs professionnels en Amérique du Nord.

Rhéaume a joué pendant quelques autres saisons au sein d'équipes masculines des ligues mineures et avec l'équipe nationale féminine. Elle a pris sa retraite en 2000.

13 août 1949
Bobby Clarke est né à Flin Flon, au Manitoba. Atteint de diabète de type I depuis l'âge de 15 ans, il a connu une brillante carrière de 15 saisons avec les Flyers de Philadelphie. Lors des deux conquêtes de la Coupe Stanley de son équipe, il en était le capitaine. Il a gagné trois fois le trophée Hart remis au joueur le plus utile à son équipe.

14 août 1972
Équipe Canada a commencé sa période d'entraînement en vue de la Série du siècle contre l'Union soviétique.

15 août 1958
Craig MacTavish est né à London, en Ontario. MacTavish a évolué pendant 17 saisons dans la LNH. Lorsqu'il a pris sa retraite au terme de la saison 1996-1997, il était l'unique joueur de la ligue à jouer sans casque protecteur.

16 août 1987
Carey Price est né à Anahim Lake, en Colombie-Britannique. À sa première saison avec le Canadien de Montréal en 2007-2008, Price a été le premier gardien de but en 20 ans à remporter 20 victoires à l'âge de 20 ans ou moins.

17 août 1992
Bryan Trottier s'est retiré après 18 saisons dans la LNH avant de devenir adjoint exécutif au président des Islanders de New York. Trottier est le meilleur marqueur de l'histoire des Islanders.

18 août 1994
Doug Gilmour a été nommé capitaine des Maple Leafs de Toronto. C'est le 15e joueur à mériter pareil honneur au sein de l'équipe. En 1992-1993, Gilmour a établi des records d'équipe avec 95 aides et 127 points. Il a aussi reçu le trophée Selke remis au meilleur attaquant défensif.

L'histoire du casque protecteur

George Owen a peut-être été le premier joueur de la LNH à porter un casque protecteur. Owen a joué au football et au hockey à l'Université de Harvard et on raconte qu'il portait un casque en cuir à sa première saison avec les Bruins de Boston. À la suite de la fracture du crâne subie par leur coéquipier Ace Bailey, d'autres joueurs des Bruins ont commencé à porter le casque durant la saison 1933-1934. Cependant, le casque protecteur était loin de faire l'unanimité, du moins jusqu'à ce qu'une blessure à la tête coûte la vie à Bill Masterton en 1968. Dans les années 1970, le port du casque est devenu obligatoire au hockey junior et universitaire et plusieurs joueurs ont continué à le porter en arrivant dans la LNH. Obligés de le porter depuis leur plus tendre enfance, les joueurs européens ont continué de le faire en joignant les rangs de la LNH. En 1979, la LNH a finalement rendu le port du casque obligatoire, tout en laissant libre de s'y conformer quiconque avait signé une entente avant le 1er juin 1979. À la fin de la saison 1995-1996, Craig MacTavish était le seul à jouer sans casque.

Craig MacTavish

19 août 1958
Darryl Sutter est né à Viking, en Alberta. Il a été le quatrième des six frères Sutter à jouer dans la LNH lorsqu'il a obtenu un poste avec les Blackhawks de Chicago en 1980-1981. Sutter a marqué 40 buts à sa première saison. Il est devenu directeur général des Flames de Calgary en 2003.

20 août 1976
Chris Drury est né à Trumbull, au Connecticut. En 1999, il a reçu le trophée Calder à titre de recrue de l'année avec l'Avalanche du Colorado.

21 août 1969
Cinq nouveaux membres ont été intronisés au Temple de la renommée du hockey : Red Kelly, Sid Abel, Roy Worters, Bryan Hextall et Bruce Norris.

22 août 1974
Tommy Dunderdale a été élu au Temple de la renommée du hockey. Bien qu'il ait grandi à Ottawa et à Winnipeg, Dunderdale est l'unique membre du Temple de la renommée né en Australie. Il a été une vedette du hockey professionnel dans les années 1910 et 1920.

23 août 2005
Ottawa a obtenu Dany Heatley des Thrashers d'Atlanta, cédant en retour Marian Hossa et Greg de Vries.

24 août 1980
Les frères Peter et Anton Stastny ont fui la Tchécoslovaquie pour joindre les rangs des Nordiques de Québec. Peter, Anton et leur frère, Marian, sont devenus des vedettes de la LNH. Peter a été l'un des meilleurs marqueurs des années 1980.

L'épopée Stastny

La Série du siècle de 1972 entre le Canada et l'Union soviétique a ouvert les yeux de la LNH sur le talent des joueurs européens. Au cours des années suivantes, plusieurs équipes de la LNH ont commencé à embaucher des joueurs européens, la plupart en provenance de la Suède et de la Finlande. Ces deux pays n'ont pas tenté d'empêcher des joueurs de quitter leur pays.

Il en était autrement de l'Union soviétique et de la Tchécoslovaquie. La seule façon pour les joueurs de quitter leur pays était de s'enfuir et de ne jamais y retourner.

Les trois frères Stastny

Les frères Peter et Anton Stastny étaient des vedettes en Tchécoslovaquie. Les Nordiques détenaient les droits sur Anton et les deux frères souhaitaient jouer dans la LNH. Pendant un tournoi présenté en Autriche, en 1980, Peter a communiqué avec le président Marcel Aubut pour lui dire que son frère et lui signeraient un contrat avec les Nordiques s'il les aidait à s'enfuir d'Europe. Aubut s'était aussitôt envolé vers l'Autriche.

Après le dernier match du tournoi, Aubut a caché Peter, son épouse et Anton dans sa voiture et les a conduits à Vienne. L'ambassade canadienne a pris le dossier en main et les Stastny ont pu rentrer au Canada.

25 août 1939
En vacances avec sa famille, Babe Siebert s'est noyé dans le lac Huron. L'ancien joueur vedette de la LNH avait été nommé entraîneur du Canadien de Montréal, plus tôt au cours de l'été.

26 août 1961
Le premier édifice abritant le Temple de la renommée du hockey a été inauguré sur les terrains de l'Exposition nationale à Toronto.

27 août 1981
La grande vedette du hockey soviétique, Valeri Kharlamov, a perdu la vie dans un accident de voiture à Moscou. Kharlamov a été l'un des plus grands de l'histoire du hockey de son pays et s'était illustré lors de la Série du siècle de 1972. Ilya Kovalchuk porte le numéro 17 dans la LNH en mémoire de son idole de jeunesse.

28 août 1989
Lanny McDonald s'est retiré du hockey après une carrière de 16 saisons dans la LNH. À sa dernière saison, en 1988-1989, McDonald a marqué son 500e but, amassé son 1 000e point et a remporté la Coupe Stanley pour la première fois.

29 août 1994
Pendant quatre ans, Mario Lemieux, la supervedette des Penguins, a éprouvé des problèmes de santé, dont le cancer. Ensuite, il a annoncé qu'il ne jouerait pas pendant la saison 1994-1995. Mais quand il est retourné au jeu en 1995-1996, il a remporté le trophée Art Ross (remis au meilleur marqueur de la LNH).

30 août 1994
Kirk Muller a été nommé le nouveau capitaine du Canadien de Montréal. Il devenait le 20e joueur de l'histoire de l'équipe à arborer le « C » sur son chandail.

Le Temple de la renommée

Le baseball a été le premier sport à avancer l'idée d'un Temple de la renommée. Les premiers joueurs ont été intronisés en 1936, trois ans avant que le Temple de la renommée du baseball ouvre

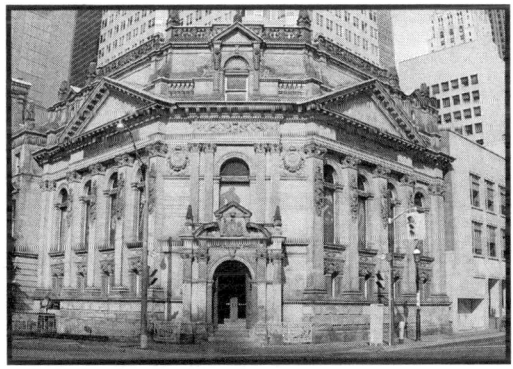

Le Temple de la renommée, au centre-ville de Toronto

officiellement ses portes, à Cooperstown, New York.

James T. Sutherland, de Kingston, en Ontario, a été le premier à avancer l'idée d'un Temple de la renommée du hockey. Avec l'appui de la LNH et de l'Association canadienne de hockey amateur, le Temple de la renommée a admis ses premiers membres en 1945. Sutherland souhaitait que le musée soit construit à Kingston, mais après sa mort, l'attention s'est tournée vers Toronto. Le propriétaire des Maple Leafs de Toronto, Conn Smythe, a été chargé des plans de construction de l'édifice sur les terrains de l'Exposition nationale de Toronto. La mise en chantier a débuté en 1960 lorsque le légendaire Cyclone Taylor a procédé à la première pelletée de terre. L'édifice a ouvert ses portes un an plus tard, le 26 août 1961.

Le 18 juin 1993, le Temple de la renommée a inauguré son édifice actuel situé au centre-ville de Toronto.

31 août 1975
John Grahame est né à Denver, au Colorado. Grahame est le seul joueur de l'histoire du hockey dont le nom est gravé sur la Coupe Stanley aux côtés de celui de sa mère. Grahame était le gardien de but auxiliaire du Lightning de Tampa Bay lorsqu'il a remporté la Coupe en 2004. Sa mère, Charlotte Grahame, travaillait au bureau de direction de l'équipe du Colorado lorsque celle-ci a été couronnée championne en 2001.

1er septembre 1994
Paul Kariya a signé son premier contrat de la LNH avec les Ducks d'Anaheim. Kariya avait été le premier choix des Ducks, le quatrième au total, à leur entrée dans la LNH en 1993.

2 septembre 1972
Le premier match de la Série du siècle entre le Canada et l'Union soviétique a été disputé au Forum de Montréal. Les Soviétiques ont surpris tout le monde en l'emportant 7-3.

3 septembre 1966
Bobby Orr a signé son premier contrat avec les Bruins de Boston à l'âge de 18 ans. L'entente de deux ans, évaluée à 75 000 $, était le contrat le plus lucratif de l'histoire jamais consenti à une recrue de la LNH.

4 septembre 1946
Clarence Campbell a été nommé président de la LNH (la fonction porte maintenant le nom de commissaire). Il est demeuré en poste jusqu'en 1977. Personne n'a occupé ces fonctions plus longtemps que lui.

5 septembre 1959
Trois nouveaux membres ont été élus au Temple de la renommée du hockey : Jack Adams, Cy Denneny et Cecil « Tiny » Thompson.

Une histoire en Orr

Pour beaucoup, Bobby Orr a été le meilleur joueur de l'histoire du hockey.

Il a commencé à attirer l'attention lors d'un tournoi bantam auquel il a participé à 12 ans, en 1960. Il a signé avec les Bruins de Boston à 14 ans. Orr a passé les quatre saisons suivantes avec leur équipe junior, les Generals d'Oshawa. Il a pulvérisé tous les records de marqueur pour un défenseur et a été choisi trois fois pour la première équipe d'étoiles. Durant l'été 1966, les négociations de son premier contrat de la LNH ont commencé. Les recrues touchaient habituellement 8 000 $ par année. Les Bruins lui ont offert cette somme de même qu'une prime de 5 000 $. L'un des premiers joueurs à recourir à un agent, Orr a finalement signé un contrat de 75 000 $ pour deux ans. Orr n'a joué que pendant neuf saisons complètes, mais il a reçu huit fois le trophée Norris remis au meilleur défenseur. Il a été le premier défenseur de l'histoire de la LNH à amasser 100 points en une saison, de même que le premier joueur à récolter 100 mentions d'aide en une saison. Orr a été champion marqueur deux fois et a remporté trois fois le trophée Hart. Des blessures aux genoux l'ont forcé à prendre sa retraite en 1978.

6 septembre 2008
La Slovaquie a humilié la Bulgarie 82-0 dans un tournoi de qualification de hockey féminin en vue des Jeux olympiques de 2010 à Vancouver. Il s'agissait d'un record pour un match de hockey féminin dans un événement reconnu par la Fédération internationale de hockey sur glace. (Voir le 21 mars 1998.)

7 septembre 1945
Jacques Lemaire est né à LaSalle, au Québec. Lemaire a brillé pendant 12 saisons avec le Canadien de Montréal, de 1967 à 1979, et a aidé l'équipe à remporter la Coupe Stanley huit fois.

8 septembre 1972
Les amateurs ont hué Équipe Canada après une défaite de 5-3 aux mains des Soviétiques, à Vancouver. Le Canadien avait jusque-là gagné un seul match de la première tranche de la Série du siècle. Les quatre derniers matchs allaient tous être disputés à Moscou.

9 septembre 1997
Mario Lemieux, Bryan Trottier et Glen Sather ont fait leur entrée au Temple de la renommée du hockey. Trois ans plus tard, Lemieux a imité Gordie Howe et Guy Lafleur en devenant le troisième joueur de l'histoire à effectuer un retour au jeu après avoir été élu au Temple de la renommée.

10 septembre 1966
Joe Nieuwendky est né à Oshawa, en Ontario. En 20 saisons dans la LNH, il a porté l'uniforme de cinq équipes différentes et a marqué 564 buts.

11 septembre 1987
Lors du match décisif du tournoi Coupe Canada, Wayne Gretzky d'Équipe Canada a fait une passe à Mario Lemieux qui a permis à ce dernier de marquer le but gagnant en prolongation contre l'Union soviétique. Équipe Canada a gagné le match 6-5.

Classique canadien

Institué en 1976, Coupe Canada a permis aux meilleurs joueurs de la LNH de se mesurer aux meilleures équipes européennes. En 1996, le tournoi a été réorganisé sous le nom de Coupe du monde de hockey. Aux yeux de plusieurs, l'édition de 1987 de Coupe Canada a été le plus grand tournoi de tous les temps. L'Union soviétique misait sur de grands joueurs comme Igor Larionov et Viacheslav Fetisov. Wayne Gretzky était au cœur d'Équipe Canada. Il avait été le meilleur marqueur de la LNH pendant huit saisons consécutives. Dans la LNH depuis seulement trois ans et entouré de tant de joueurs vedettes, Lemieux a étalé son talent au grand jour.

Comme il fallait s'y attendre, le Canada et les Soviétiques ont atteint la finale de trois matchs en 1987. Les trois matchs au suspens intenable ont offert un spectacle inoubliable. Les Soviétiques ont gagné le match initial, 6-5, en prolongation. Deux jours plus tard, le Canada l'a emporté par la même marque, cette fois en deuxième prolongation. Gretzky a récolté cinq aides dans le match dont trois sur des buts de Lemieux. Dans le match décisif, Gretzky a une fois de plus fait la passe qui a mené au but de Lemieux, à 1 min 26 s de la fin du match. Et Équipe Canada l'a emporté par la marque de 6-5.

12 septembre 1979
Bobby Orr, Henri Richard, Harry Howell et Gordon Juckes, à titre de bâtisseur, ont été intronisés au Temple de la renommée du hockey.

13 septembre 1981
L'Union soviétique (Russie) a surclassé Équipe Canada 8-1 en finale de Coupe Canada. C'était la première fois que le titre échappait au Canada en cinq participations au tournoi Coupe Canada.

14 septembre 1996
Les États-Unis ont infligé une défaite de 5-2 à Équipe Canada et ont remporté la première Coupe du monde de hockey. À la même date, en 2004, le Canada a défait la Finlande 3-2 et a gagné la seconde édition de Coupe Canada.

15 septembre 1976
Un but de Darryl Sittler, en prolongation, a procuré à Équipe Canada une victoire de 5-4 sur la Tchécoslovaquie lors du match décisif du premier tournoi Coupe Canada.

16 septembre 1978
Wayne Gretzky a participé à son premier camp d'entraînement professionnel avec les Racers d'Indianapolis de l'Association mondiale de hockey. Il n'avait que 17 ans.

17 septembre 1985
Alex Ovechkin est né à Moscou. Il a porté les couleurs du Dynamo de Moscou avant de faire ses débuts dans la LNH en 2005-2006. À 16 ans, Ovechkin évoluait déjà dans la principale ligue de Russie.

18 septembre 1933
Scotty Bowman est né à Montréal. En 30 saisons, Bowman a été entraîneur de cinq équipes de la LNH.

19 septembre 1992
Eric Lindros a fait son début dans la LNH lors d'un match préparatoire entre les Flyers de Philadelphie et les Nordiques de Québec.

20 septembre 1939
La LNH a annoncé son intention de poursuivre ses activités de la « façon la plus normale possible » après le déclenchement de la Seconde Guerre mondiale. De nombreux joueurs ont joint les forces armées, si bien qu'il a alors été question de suspendre les activités, mais la chose ne s'est pas produite.

21 septembre 1955
Matti Hagman est né à Helsinki, en Finlande. Hagman a été le premier joueur né et élevé en Finlande à jouer dans la LNH. Son fils, Niklas, a également joué dans la LNH.

22 septembre 1934
La LNH a ajouté le tir de pénalité à son livre des règlements. Initialement, le tir devait être effectué à partir d'un cercle de 10 pieds (3 m) de diamètre tracé 38 pieds (11,50 m) devant le filet.

23 septembre 1979
Wayne Gretzky et les Oilers d'Edmonton ont disputé leur premier match dans la LNH. C'était un match préparatoire présenté à Brandon, au Manitoba.

24 septembre 1957
Le Canadien de Montréal et le Forum de Montréal ont été vendus au sénateur Hartland Molson et à son frère Thomas H.P. Molson. La famille Molson a été propriétaire du Canadien jusqu'en 1972.

25 septembre 1926
La LNH a officiellement accordé des nouvelles concessions à Detroit et Chicago. À l'origine, l'équipe de Detroit s'appelait les Cougars. Elle a disputé sa première saison à Windsor, en Ontario, en 1926-1927, parce que la construction du nouvel amphithéâtre de Detroit n'était pas terminée.

Le grand Eric

Lorsque Eric Lindros s'est démarqué, les joueurs de 1,9 m pesant plus de 90 kg étaient moins nombreux qu'aujourd'hui dans la LNH. Les partisans ont surnommé Eric Lindros « Le prochain Grand », en référence à Wayne Gretzky et Mario Lemieux et en raison de son physique, de sa rapidité et de son talent.

Les Nordiques de Québec en ont fait le tout premier choix du repêchage amateur de 1991, même si la famille Lindros leur avait clairement dit qu'il n'endosserait pas leur uniforme. En attendant de voir quelle décision prendraient les Nordiques à son endroit, Lindros s'est aligné avec Équipe Canada au tournoi Coupe Canada de 1992, aux Mondiaux juniors de 1992 et aux Jeux olympiques de 1992. Finalement, tout juste avant la séance de repêchage de 1992, les Nordiques ont échangé Lindros. Les Flyers de même que les Rangers croyaient s'être entendus avec les Nordiques afin d'obtenir Lindros. Ce dernier a finalement abouti à Philadelphie. En retour, les Nordiques ont obtenu six joueurs, deux choix de repêchage et la somme de 15 millions de dollars.

À ses premières saisons, Lindros était l'un des meilleurs joueurs de la LNH. Par la suite, des blessures l'ont empêché de jouer à la hauteur de son talent.

26 septembre 1972
Après avoir tiré de l'arrière par 1-3 et livré un match nul, Équipe Canada égale les chances dans la Série du siècle contre les Soviétiques en remportant une deuxième victoire consécutive à Moscou.

27 septembre 1983
Jay Bouwmeester est né à Edmonton, en Alberta. En 1999-2000, il a été le plus jeune joueur canadien de l'histoire à participer aux Mondiaux juniors. Bouwmeester n'avait que 16 ans et 3 mois.

28 septembre 1972
Paul Henderson a marqué 34 secondes avant la fin du match et Équipe Canada a scellé l'issue de la Série du siècle avec une victoire de 6-5 aux dépens de l'Union soviétique. Le Canada a enlevé les honneurs de la série avec quatre victoires, trois défaites et un match nul. Henderson a inscrit le but de la victoire à chacun des trois derniers matchs.

29 septembre 2007
Anaheim et Los Angeles ont inauguré la saison 2007-2008 de la LNH à Londres, en Angleterre. Les Kings ont remporté le premier match 4-1, avant de voir les Ducks leur infliger, le lendemain, une défaite de 4-1.

30 septembre 2008
Les Rangers de New York ont eu raison du SC Berne 8-1 dans un match préparatoire présenté en Suisse. Une équipe de la Suisse affrontait pour la première fois une équipe de la LNH.

1er octobre 2008
Les Rangers de New York ont infligé une défaite de 4-3 au Metallurg Magnitogorsk de Russie lors du match inaugural de la Coupe Victoria, disputé à Berne, en Suisse. Créée en 2007, la Coupe Victoria oppose des équipes de la LNH aux meilleures formations d'Europe.

Henderson, héros national

Entre 1920 et 1961, les équipes canadiennes ont dominé les tournois de hockey internationaux comme les Jeux olympiques. Ce fut ensuite au tour de l'Union soviétique de s'imposer. Le hockey international était réservé aux joueurs amateurs, mais les partisans étaient d'avis que les professionnels de la LNH battraient les Soviétiques. Une série internationale a donc été mise sur pied en 1972 afin d'opposer les vedettes de la LNH aux meilleurs joueurs soviétiques. Les choses s'annonçaient bien lorsque Équipe Canada a amorcé la Série du siècle, le 2 septembre, en marquant dès la 30e seconde de jeu. Cependant, les Soviétiques ont rapidement riposté et ont remporté le premier match, 7-3. Après les quatre premiers matchs disputés au pays, Équipe Canada n'avait qu'une victoire et un verdict nul à sa fiche. Les partisans canadiens ont même hué leur équipe après une défaite de 5-3 à Vancouver. Les quatre derniers matchs ont été présentés en sol soviétique. Après un revers de 5-4 lors du premier match à Moscou, Équipe Canada a égalé les chances en gagnant les deux rencontres suivantes. La fièvre du hockey a gagné les partisans canadiens pour le 8e et ultime match. Des entreprises ont fermé leurs bureaux. Des écoles ont installé des téléviseurs dans les salles de cours. Le pays était sur le qui-vive. Équipe Canada a surmonté un déficit de 3-5 avant de niveler les chances en troisième période. Puis, Paul Henderson a réussi le but de la victoire et ce fut le délire! Quiconque a été témoin de ce dénouement se souvient exactement de là où il se trouvait lorsque Henderson a marqué.

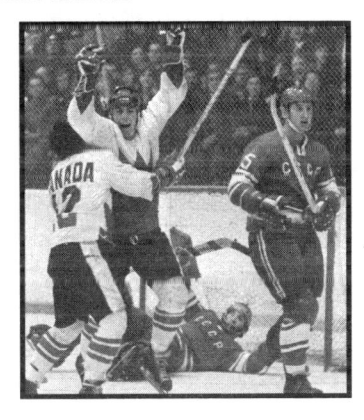

2 octobre 1999
En marquant son 386e but, Raymond Bourque, des Bruins de Boston, est devenu le meilleur marqueur de l'histoire parmi les défenseurs.

3 octobre 1997
Le premier match de saison régulière de la LNH disputé à l'extérieur de l'Amérique du Nord a eu lieu à Tokyo, au Japon. Vancouver a défait Anaheim 3-2.

4 octobre 2008
La LNH a inauguré la saison 2008-2009 avec deux matchs en Europe. À Prague, les Rangers ont vaincu Tampa Bay 2-1 et à Stockholm, Pittsburgh a battu Ottawa 4-3.

5 octobre 2005
Pour la première fois de l'histoire de la LNH, les 30 équipes étaient à l'œuvre le même soir. L'ouverture de la saison 2008-2009 a aussi coïncidé avec le début dans la LNH de Sidney Crosby et Alex Ovechkin.

6 octobre 2001
Un match de hockey à l'extérieur a été présenté au stade de football du Michigan State University où Michigan State et l'University of Michigan ont fait match nul 3-3. Une foule de 74 544 spectateurs a établi un record de tous les temps pour un match de hockey.

7 octobre 1959
Futur membre du Temple de la renommée du hockey, Stan Mikita a marqué le premier but de sa carrière dans la LNH. Mikita est né en Tchécoslovaquie, mais il a grandi au Canada. À la même date en 1990, Jaromir Jagr, un autre joueur tchécoslovaque, a marqué son premier but dans la LNH.

8 octobre 1953
Earl « Dutch » Reibel a établi une marque de la LNH en récoltant quatre mentions d'aide à son tout premier match. Reibel a mené les Rangers de New York à une victoire de 4-1 aux dépens des Red Wings de Detroit.

Jouons dehors

Les premiers matchs de hockey ont été disputés sur des rivières et des lacs gelés. Mais même si le hockcy se joue à l'intérieur depuis 1875, beaucoup de gens s'initient au hockey sur des patinoires extérieures. La LNH a entrepris un retour dans le passé en organisant ses propres matchs à ciel ouvert. Le succès du match en plein air de 2001 à Michigan State a poussé la LNH à présenter son premier match en plein air. La Classique Héritage a été disputée au stade du Commonwealth d'Edmonton, le 22 novembre 2003. Un froid sibérien de –18 degrés Celsius n'a pas empêché 57 167 personnes de voir les Oilers blanchir le Canadien 2-0 dans un match des anciens présenté en après-midi, mais le Tricolore a par la suite pris la mesure d'Edmonton 4-3 dans le match régulier de la LNH.

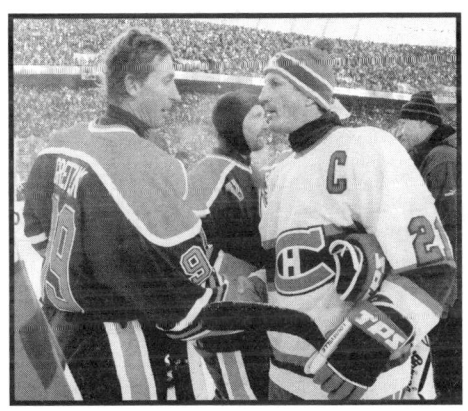

Wayne Gretzky et Guy Carbonneau lors de la Classique Héritage

La LNH a répété l'expérience en 2008 lorsque Buffalo a reçu les Penguins de Pittsburgh au Ralph Wilson Stadium. La température était plus clémente, mais il a neigé pendant le match. Une foule de 71 217 spectateurs a été témoin de la victoire de 2-1 des Penguins remportée grâce à un but de Sidney Crosby en fusillade. La « classique hivernale » a de bonnes chances de devenir un rendez-vous annuel.

9 octobre 1952
Danny Gallivan a fait la description intégrale de son premier match du Canadien de Montréal à la radio. L'année suivante, il est devenu le commentateur régulier des matchs télévisés de Montréal à *Hockey Night in Canada*.

10 octobre 1987
Doug Jarvis, des Whalers d'Hartford, a disputé son 964e match consécutif. Lui qui n'avait jamais raté un match depuis son début dans la LNH avec le Canadien de Montréal en 1975, sa séquence « d'homme de fer » de la LNH a pris fin lorsqu'il n'a pas revêtu l'uniforme dès le lendemain soir. Il n'a plus disputé un seul autre match dans la LNH depuis.

11 octobre 1952
René Lecavalier a fait la description du premier match télévisé de *La soirée du hockey*. Foster Hewitt a décrit le premier match en provenance de Toronto le 1er novembre 1952.

12 octobre 2000
Le gardien de but Manny Legace a réussi le premier jeu blanc de sa carrière lorsque Detroit a blanchi Chicago 4-0.

13 octobre 1947
La LNH a présenté son premier véritable Match des étoiles, après avoir organisé trois matchs des étoiles bénéfice dans les années 1930. Une équipe d'étoiles a eu raison des Maple Leafs de Toronto, champions de la Coupe Stanley, 4-3. Entre 1947 et 1965, le Match des étoiles a toujours eu lieu avant le début de la saison, mais depuis 1967, il est présenté au milieu de la saison.

14 octobre 1979
Wayne Gretzky a marqué son premier but dans la LNH. Son but en avantage numérique, à 69 secondes de la fin du match, a permis aux Oilers de faire match nul 4-4 avec les Canucks. Après un tir du revers de Gretzky, la rondelle a rebondi entre les jambes du gardien Glen Hanlon.

Place aux étoiles

L'idée d'identifier les meilleurs joueurs de hockey remonte au tout début de ce sport. Dans les années 1890, les chroniques sportives donnaient leur liste personnelle de joueurs étoiles. Le premier Match des étoiles a eu lieu le 2 janvier 1908, au profit de la famille de Hod Stuart, un excellent joueur, mort noyé durant l'été 1907.

Alex Ovechkin fait la vedette pendant la fin de semaine des étoiles 2009.

La LNH a présenté trois autres Matchs des étoiles dans les années 1930. Comme dans le cas de Hod Stuart, ces matchs avaient pour but d'aider financièrement les familles de joueurs décédés ou blessés. En 1946, un journaliste de Chicago a avancé l'idée d'un match entre les champions de la Coupe Stanley et une équipe d'étoiles de la LNH dont les profits seraient versés à des œuvres de bienfaisance locales et à un fonds d'aide d'urgence aux joueurs. En 1947, Toronto a été le théâtre du premier Match des étoiles officiel de la LNH. À l'exception de deux occasions dans les années 1950, le Match des étoiles a toujours opposé les champions de la Coupe Stanley à l'équipe d'étoiles de la LNH. Depuis 1968, cependant, le rendez-vous annuel oppose les équipes d'étoiles des deux conférences. À 51 ans, Gordie Howe a été le plus vieux joueur à participer au Match des étoiles. Steve Yzerman a été le plus jeune, à 18 ans.

15 octobre 1989

Wayne Gretzky a devancé Gordie Howe au premier rang des pointeurs de l'histoire de la LNH. En obtenant une mention d'aide en début de match, Gretzky a rejoint Howe avec 1 850 points. Il a forcé la prolongation en marquant en troisième période avant de sceller lui-même l'issue du match avec un autre but. Les Kings de Los Angeles ont infligé une défaite de 5-4 à son ancienne équipe des Oilers d'Edmonton.

16 octobre 1999

Scott Gomez a marqué son premier but dans la LNH. Il a ajouté deux aides dans une victoire de 4-1 des Devils du New Jersey sur les Islanders de New York. Gomez a été le premier joueur d'Amérique latine à jouer dans la LNH.

17 octobre 1991

Paul Coffey, des Penguins de Pittsburgh, est devenu le meilleur pointeur de l'histoire des défenseurs de la LNH. En obtenant deux aides dans une victoire de 8-5 sur les Islanders, il portait son total de points à 1 053.

18 octobre 2008

Sidney Crosby et Evgeni Malkin, des Penguins, ont tous les deux atteint un plateau personnel sur le même jeu : Crosby a marqué son 100e but et Malkin a récolté une 200e mention d'aide en carrière. Crosby a demandé que la rondelle soit coupée en deux afin que chacun conserve un souvenir.

19 octobre 1957

Le légendaire Maurice Richard est devenu le premier joueur de l'histoire à atteindre le plateau de 500 buts. Richard a réussi l'exploit au Forum de Montréal dans une victoire de 3-1 contre Chicago.

20 octobre 1993

Deux Gretzky se sont affrontés dans un match de la LNH. Wayne a récolté trois points dans une victoire de 4-3 des Kings de Los Angeles aux dépens de son frère Brent et du Lightning de Tampa Bay. Wayne avait aussi affronté son autre frère, Keith, dans un match préparatoire en 1987.

Gretzky et Gordie

Wayne Gretzky avait 11 ans lorsqu'il a rencontré son idole Gordie Howe pour la première fois. C'était en 1972, lors d'un banquet des célébrités dans la ville natale de Gretzky, à Brantford, en Ontario. Une photo a été prise de Howe tenant un bâton de hockey accroché au cou de Gretzky. Cette photo est devenue le symbole des liens entre les deux hommes.

À l'époque, Gretzky était déjà une célébrité locale. En 85 matchs avec son équipe de hockey mineur cet hiver-là, il avait marqué 378 buts. Howe, de son côté, montrait une fiche de 786 buts et 1 809 points. En 26 saisons dans la LNH, Howe a finalement compilé un dossier de 801 buts et 1 850 points, deux records que l'on disait alors hors de portée. Mais Gretzky n'a pas tardé à accumuler les points dès ses débuts dans la LNH en 1979.

À sa deuxième saison, Gretzky a établi une marque avec une saison de 164 points. L'année suivante, il a marqué 92 buts et amassé 212 points. Gretzky a finalement éclipsé le record de points de Howe au début de la saison 1989-1990. Au terme de sa carrière en 1999, la fiche de Gretzky était de 894 buts, 1 963 aides et 2 857 points.

21 octobre 2006
Jordon Staal, des Penguins de Pittsburgh, est devenu, à 18 ans et 1 mois, le plus jeune joueur à marquer un but sur un tir de pénalité.

22 octobre 1957
La recrue Bobby Hull a marqué son premier but dans la LNH avec les Blackhawks de Chicago. Ces derniers ont gagné contre Boston 2-1.

23 octobre 2008
La vedette de l'équipe nationale féminine, Kim St-Pierre, a gardé les buts lors d'un entraînement du Canadien de Montréal. St-Pierre avait pris la relève de Carey Price, incommodé par la grippe.

24 octobre 2002
Patrick Roy, de l'Avalanche du Colorado, a participé à son 972e match en carrière, éclipsant le record de Terry Sawchuk pour le plus grand nombre de matchs disputés par un gardien de but. Roy a participé à 1 029 matchs dans toute sa carrière.

25 octobre 1984
Guy Lafleur a marqué son 518e et dernier but dans l'uniforme du Canadien de Montréal. Il a marqué son but suivant près de quatre ans plus tard, avec les Rangers de New York.

26 octobre 1997
Steve Yzerman, des Red Wings de Detroit, a éclipsé le record d'Alex Delvecchio pour le plus grand nombre d'années comme capitaine d'une équipe de la LNH. Delvecchio avait été capitaine des Red Wings pendant un peu plus de 11 saisons alors que Yzerman a joué le même rôle pendant 20 saisons.

27 octobre 1995
Les Red Wings ont écrit une page d'histoire en envoyant cinq joueurs russes en même temps sur la patinoire. Ils l'avaient emporté sur Calgary 3-0. Viachslav Fetisov, Vladimir Konstantinov, Igor Larionov, Sergei Fedorov et Vyacheslav Kozlov avaient tous déjà joué ensemble en Russie.

Le démon blond

La rapidité et le talent ont fait de Guy Lafleur le joueur le plus fascinant de la LNH dans les années 1970.

Lafleur a été champion pointeur de la LNH trois années d'affilée, entre 1975-1976 et 1977-1978 et il a connu six saisons consécutives de plus de 50 buts. Il a reçu deux fois le trophée Hart du joueur le plus utile à son équipe et a aidé le Canadien à remporter la Coupe Stanley cinq fois. Il a été surnommé le « démon blond », en raison de sa vitesse qui faisait voler au vent ses longs cheveux blonds.

Dans les années 1980, Lafleur avait quelque peu ralenti son rythme. Il a marqué seulement deux buts dans les 19 premiers matchs de la saison 1984-1985. Il a décidé de se retirer le 26 novembre 1984. Peu après son élection au Temple de la renommée en 1988, Lafleur a annoncé son intention de revenir au jeu. Il s'est joint aux Rangers de New York, puis a passé deux saisons avec les Nordiques de Québec avant de se retirer définitivement en 1991.

28 octobre 1993
L'équipe des Maple Leafs de Toronto est la première à amorcer une saison avec dix victoires consécutives dans l'histoire de la LNH.

29 octobre 2000
John Madden et Randy McKay, des Devils du New Jersey, ont marqué chacun quatre buts dans un match écrasant les Penguins de Pittsburgh 9-0. Madden et McKay sont devenus les premiers coéquipiers à réussir l'exploit depuis celui des frères Sprague et Odie Cleghorn des Canadiens de Montréal, le 14 janvier 1922.

30 octobre 2008
La recrue Steven Stamkos, du Tampa Bay, a marqué son premier but dans la LNH. Il en a marqué un deuxième dans une victoire de 5-2 contre Buffalo.

31 octobre 1942
Pour la première fois de l'histoire, la saison régulière de la LNH a commencé en octobre. Deux matchs étaient au calendrier. Le Canadien a vaincu les Bruins 3-2 et les Maple Leafs ont infligé une défaite de 7-2 aux Rangers. Dans le passé, la LNH avait toujours amorcé sa saison en novembre ou même en décembre.

1er novembre 1959
Le gardien de but du Canadien, Jacques Plante, a porté un masque dans un match pour la première fois. Plante n'a pas été le premier à en porter un, mais il est celui qui l'a rendu populaire. (Voir le 20 février 1930.)

2 novembre 1947
Lors de l'une des plus importantes transactions de l'histoire du hockey, Chicago a échangé le double champion pointeur Max Bentley ainsi qu'un autre joueur aux Leafs de Toronto. En retour, ces derniers ont cédé cinq joueurs aux Blackhawks dont le trio formé de Gus Bodnar, Bud Poile et Gaye Stewart.

L'innovateur Jacques Plante

Avant le début de la saison 1959-1960, Jacques Plante affichait deux fractures du nez et quelques-unes aux os de la mâchoire. Différentes coupures à la figure avaient aussi nécessité 150 points de suture. À l'époque, c'était souvent le lot des gardiens de but.

Jacques Plante ne ressemblait en rien aux autres gardiens de but. Il a été l'un des premiers à s'éloigner de son rectangle pour récupérer les rondelles libres et à intercepter les rondelles que l'adversaire projetait derrière son filet. Il lui arrivait même de patiner jusqu'à la ligne bleue pour effectuer une passe à ses défenseurs. Après une autre fracture du nez pendant la saison 1957-1958, il a commencé à porter un masque pendant les entraînements. Il était trop encombrant pour être porté pendant un match, mais à l'automne de 1959, Plante possédait un masque léger, mieux ajusté et incassable.

L'entraîneur Toe Blake s'opposait à ce que Plante porte son masque pendant les matchs. Plante s'en est donc abstenu jusqu'au 1er novembre 1959. Un tir d'Andy Bathgate, des Rangers, l'a atteint à la figure, le coupant des narines à la lèvre supérieure. Lorsqu'il est retourné devant son filet, Plante portait son masque. Un geste que les autres gardiens de but n'ont pas tardé à imiter.

3 novembre 1978
Une journée après avoir été échangé par les Racers d'Indianapolis, Wayne Gretzky a participé à son premier match avec les Oilers d'Edmonton qui faisaient encore partie de l'Association mondiale de hockey. Il a endossé le chandail numéro 20 parce que les Oilers n'avaient pas eu le temps d'en préparer un avec le numéro 99. Gretzky a disputé son premier match dans la LNH avec les Oilers, le 10 octobre 1979.

4 novembre 1962
Bill Gadsby, des Red Wings de Detroit, est devenu le premier défenseur de l'histoire à amasser 500 points en carrière. Gadsby a atteint le plateau en faisant une passe à Parker MacDonald qui a compté un but.

5 novembre 1955
Jean Béliveau, du Canadien de Montréal, a marqué trois buts en l'espace de 44 secondes. Les trois buts ont été enregistrés pendant une pénalité imposée à Hal Laycoe. Après la saison, la LNH a amendé le règlement de façon à ce qu'une pénalité de deux minutes prenne fin aussitôt qu'une équipe marque un but en supériorité numérique.

6 novembre 1990
Dominik Hasek a participé à son premier match dans la LNH; un verdict nul de 1-1 entre Chicago et les Whalers d'Hartford. Auxiliaire avec les Blackhawks, Hasek est devenu une vedette après avoir été échangé aux Sabres de Buffalo, en 1992.

7 novembre 1968
Red Berenson a marqué six buts dans une victoire de 8-0 des Blues de St. Louis aux dépens des Flyers, à Philadelphie. Sept joueurs ont déjà réussi six buts dans un match, mais Berenson est le seul à avoir accompli l'exploit sur la patinoire de l'adversaire.

8 novembre 1952
Maurice Richard a inscrit le 325e but de sa carrière. À l'époque, Richard avait éclipsé la marque de tous les temps de 324 appartenant à Nels Stewart. Richard avait marqué son tout premier but à la même date, en 1942.

Le Rocket dans leur cœur

Maurice Richard était un marqueur naturel. Tout jeune, son talent était indéniable mais il a été blessé souvent. Dans les rangs amateurs, il a raté une saison complète en raison d'une fracture à une jambe et la majeure partie d'une autre à cause d'une fracture à un poignet. À sa première saison avec le Canadien, en 1942-1943, il s'est fracturé la jambe droite après seulement 16 matchs. Sa carrière de hockeyeur paraissait incertaine... mais ce n'était qu'un début difficile.

Finalement en santé, en 1943-1944, Richard a marqué 32 buts et s'est élevé au niveau des meilleurs du circuit à ce chapitre. Il a aussi aidé le Canadien à remporter la Coupe Stanley. Richard n'était pas le patineur le plus rapide, mais il était fort physiquement, très intense au jeu et possédait un tir puissant. On l'a vite surnommé le « Rocket ».

Durant la saison 1944-1945, Richard a marqué 50 buts en 50 matchs. Meilleur marqueur de la ligue, il est devenu la cible des adversaires. Même si son caractère bouillant lui a souvent joué des tours, Maurice Richard est devenu plus qu'un simple joueur de hockey. Il est devenu un modèle pour les Canadiens français qui cherchaient à percer dans un milieu majoritairement anglophone.

9 novembre 1984
Les Oilers d'Edmonton ont défait Washington 8-5 et porté à 15 le nombre de matchs consécutifs sans défaite (12 victoires et trois nuls) depuis le début de la saison. L'ancienne marque de 14 appartenait au Canadien de Montréal de 1943-1944.

10 novembre 1963
Le 545e but de Gordie Howe lui a permis de devancer Maurice Richard au premier rang des marqueurs de tous les temps. Howe a terminé sa carrière avec 801 buts. (Voir le 23 mars 1994.)

11 novembre 1930
Un premier match de la LNH a été disputé à Philadelphie. Les Rangers de New York ont blanchi les Quakers de Philadelphie, 3-0. Après une horrible saison, les Quakers ont quitté les rangs de la ligue. La LNH n'est pas retournée à Philadelphie avant l'expansion de 1967.

12 novembre 1942
Bep Guidolin est devenu le plus jeune joueur de l'histoire de la LNH. Il a commencé sa carrière à Boston à l'âge de 16 ans et 11 mois. Les Bruins avaient ajouté Guidolin à leur formation parce que plusieurs joueurs de la LNH s'étaient absentés pour entrer dans l'armée pendant la Seconde Guerre mondiale.

13 novembre 1984
Bernie Nichols est devenu le premier joueur de l'histoire de la LNH à marquer un but dans chacune des quatre périodes d'un match. Il a réussi un but en première, deuxième et troisième périodes et un dernier en période de surtemps dans une victoire de 5-4 de Los Angeles contre les Nordiques de Québec.

14 novembre 1998

Brett Hull, des Stars de Dallas, a obtenu une mention d'aide pour le 1 000e point de sa carrière. De la centaine de duos père-fils qui ont évolué dans la LNH, Brett et Bobby Hull sont les seuls à avoir atteint ce plateau.

15 novembre 1973

Bobby Orr a marqué trois buts et récolté quatre aides en menant les Bruins à une victoire de 10-2 aux dépens des Rangers. À l'époque, les sept points de Orr dans un match constituaient un record de la LNH.

16 novembre 1926
Eddie Shore a disputé son premier match dans la LNH avec les Bruins de Boston. Le trophée Norris remis au meilleur défenseur n'existait pas à l'époque, mais Shore a été proclamé quatre fois le joueur le plus utile à son équipe (trophée Hart).

17 novembre 2007
Martin Brodeur, des Devils du New Jersey, a remporté la 500e victoire de sa carrière. Patrick Roy est le seul autre gardien de but à avoir atteint ce plateau.

18 novembre 2002
Le capitaine du Canadien de Montréal, Saku Koivu, a réussi le premier tour du chapeau de sa carrière. Les trois buts de Koivu ont permis au Canadien d'infliger une défaite de 5-4 en prolongation aux Penguins de Pittsburgh.

19 novembre 2007
Jaromir Jagr a marqué le 600e but de sa carrière. Jagr est devenu le deuxième joueur des Rangers, en l'espace de quelques semaines, à réussir l'exploit. Son coéquipier Brendan Shanahan avait marqué son 600e but le 5 octobre 2007.

20 novembre 1934
Harvey « Busher » Jackson, des Maple Leafs de Toronto, est devenu le premier joueur de l'histoire à marquer quatre buts en une période. Ses quatre buts en troisième période ont mené les Leafs à une victoire de 5-2 sur les Eagles de St. Louis.

Eddie Shore s'impose

Eddie Shore travaillait dans la ferme familiale en Saskatchewan. Lorsqu'il avait le temps, il jouait surtout au soccer et au baseball. Même s'il n'a pas commencé à jouer au hockey sérieusement avant l'adolescence, vers l'âge de 22 ans, il était suffisamment bon pour jouer chez les professionnels.

Shore a entrepris sa carrière à l'avant. Il est devenu défenseur en 1925-1926 avec les Eskimos d'Edmonton de l'ancienne Ligue de hockey de l'Ouest. Lorsque la Ligue de l'Ouest a disparu, la LNH s'est emparée de tous les meilleurs joueurs et Shore a signé avec les Bruins de Boston. Les Bruins étaient l'une des pires équipes de la LNH, mais à la première saison de Shore, ils ont atteint la finale de la Coupe Stanley, avant de mettre la main sur le trophée à sa troisième saison.

Shore était le meilleur défenseur offensif de la LNH. Il était aussi l'un des joueurs les plus rudes de la ligue. Dans ses montées à l'emporte-pièce, au lieu de contourner l'adversaire, il lui arrivait fréquemment de lui foncer dedans.

Les Rangers de New York ont tenté de s'approprier Shore en offrant aux Bruins de Boston une recrue de défense nommée Myles Lanes. Mais Art Ross, propriétaire des Bruins, a refusé.

21 novembre 1942

La LNH a cessé de recourir à la prolongation dans les matchs de la saison régulière. En raison des restrictions à propos des voyages par train en temps de guerre, il devenait parfois difficile aux équipes de respecter les horaires des trains après les matchs. La prolongation en saison régulière a été rétablie qu'en 1983.

22 novembre 1986

Wayne Gretzky, des Oilers d'Edmonton, a marqué le 500e but de sa carrière. Gretzky a atteint ce plateau en seulement 575 matchs. Aucun autre joueur de l'histoire n'a marqué 500 buts en si peu de temps.

23 novembre 1944

En raison des blessures et de l'absence de plusieurs joueurs pendant la Seconde Guerre mondiale, les Maple Leafs ne comptaient que sur 11 joueurs pour leur match à Boston. Les Bruins ont vaincu les Leafs, 5-1.

24 novembre 1979

La vedette des Kings de Los Angeles, Charlie Simmer, a amorcé une séquence de 13 matchs consécutifs pendant lesquels il a marqué le premier but. Simmer s'est arrêté à trois matchs du record de tous les temps, mais sa séquence a été la plus longue des temps modernes. (Voir le 15 février 1922.)

25 novembre 1951

Le soigneur Moe Roberts s'est retrouvé devant le filet des Blackhawks de Chicago, en troisième période, lorsque le gardien de but Harry Lumley a été blessé. À quelques semaines de son 46e anniversaire, Roberts est devenu le joueur le plus âgé de l'histoire de la LNH. Il avait été gardien de but pendant 20 ans, mais n'avait pas joué dans un match de la LNH depuis la saison 1933-1934!

Travail supplémentaire

Les règles concernant le surtemps en saison régulière ont maintes fois été amendées dans l'histoire de la LNH. La première année de la ligue, en 1917-1918, un match nul après 60 minutes de jeu se poursuivait en période de prolongation jusqu'à ce qu'un but soit marqué... comme pendant les séries éliminatoires. Cette règle a prévalu jusqu'à la fin de la saison 1920-1921. Au début de 1921-1922, la prolongation était limitée à une seule période de 20 minutes. Cette règle a été maintenu jusqu'à la fin de la saison 1926-1927. En 1927-1928, la prolongation a été réduite à dix minutes. De 1917-1918 à 1927-1928, un but mettait fin immédiatement à la prolongation. À partir de 1928-1929, le surtemps était d'une durée de dix minutes complètes, peu importe le nombre de buts marqués. Si les équipes étaient alors toujours à égalité, le match se terminait par une égalité. Lorsque la prolongation en saison régulière a été rétablie en 1983, elle a été limitée à une période de cinq minutes et le premier but mettait fin au match. La fusillade (ou tirs de barrage) a été ajoutée en 2005-2006 pour trancher le débat en cas d'égalité après la prolongation de cinq minutes.

Les Leafs remportent la Coupe en 1951, grâce à ce but marqué par Bill Barilko en prolongation.

26 novembre 1961
Gordie Howe, des Red Wings de Detroit, est devenu le premier joueur de l'histoire de la LNH à disputer 1 000 matchs en saison régulière. La carrière de Howe dans la LNH s'est poursuivie jusqu'à l'âge de 51 ans.

27 novembre 1960
Gordie Howe est devenu le premier joueur de l'histoire de la LNH à atteindre le plateau de 1 000 points lorsqu'il a obtenu une aide dans une victoire de 2-0 aux dépens des Leafs de Toronto. (Voir le 15 octobre 1989.)

28 novembre 1979
Billy Smith a été le premier gardien de but de l'histoire de la LNH à être crédité d'un but. Smith a été le dernier joueur des Islanders de New York à toucher à la rondelle avant que Rob Ramage, des Rockies du Colorado, ne marque dans son propre filet.

29 novembre 1924
Le Canadien a surclassé les St. Pats de Toronto 7-1 lors du premier match disputé au Forum de Montréal. Le Forum avait été construit pour les Maroons de Montréal, mais des problèmes avec la glace de leur propre patinoire avaient forcé le Canadien à y disputer un match. (Voir le 11 mars 1996.)

L'unique Gordie Howe

Gordie Howe n'avait que 15 ans lors de son premier camp d'entraînement de la LNH. Il a quitté sa maison à Saskatoon pour se rendre à Winnipeg où les Rangers de New York s'entraînaient. Howe a éprouvé beaucoup de difficultés, si bien qu'il a quitté le camp tôt et est retourné dans la ferme familiale. Les Rangers ne lui ont pas offert de contrat.

Un an plus tard, Howe a été invité à s'entraîner avec les Red Wings de Detroit. Il a fait meilleure impression. Detroit l'a mis sous contrat et il a fait ses débuts dans la LNH en 1946-1947, à l'âge de 18 ans. Howe possédait un coup de patin aisé. Il était rapide et puissant. Il pouvait également tirer autant de la gauche que de la droite. Aux côtés des vétérans Sid Abel et Ted Lindsay, il complétait le trio appelé la « Production Line » en raison du grand nombre de points produits. En 1950-1951, Howe a remporté le premier de quatre championnats consécutifs des pointeurs.

En incluant les matchs qu'il a disputés dans l'Association mondiale de hockey, Howe a disputé un total de 2 186 matchs avant de se retirer pour de bon en 1980.

30 novembre 2005
Les Sharks de San Jose ont obtenu Joe Thornton des Bruins en retour de trois joueurs. Thornton a reçu le trophée Art Ross en 2005-2006. Il est le seul joueur de l'histoire à avoir remporté le championnat des pointeurs après avoir été échangé au cours de la saison.

1er décembre 1924
Les Bruins de Boston ont vaincu les Maroons de Montréal 2-1 lors du premier match de la LNH disputé aux États-Unis. Les Bruins et les Maroons étaient deux nouvelles équipes dans la LNH au début de la saison 1924-1925. Boston a été la première équipe américaine de la LNH.

2 décembre 1989
Mario Lemieux a marqué trois buts et récolté une aide dans une victoire de 7-4 des Penguins aux dépens des Nordiques de Québec. Avec son troisième but, le 316e de sa carrière, il a rejoint Jean Pronovost au premier rang des marqueurs de tous les temps des Penguins. Lemieux a inscrit 690 buts en carrière... tous avec les Penguins.

3 décembre 1929
Les Bruins de Boston ont infligé une défaite de 3-1 aux Canadiens de Montréal. Il s'agissait de la première d'une séquence de 14 victoires consécutives des Bruins. Ce record d'équipe tient toujours. C'était aussi la première de 20 victoires consécutives à domicile, un record de la LNH.

4 décembre 1909
Le Canadien de Montréal a été fondé pendant une réunion de l'Association nationale de hockey. L'ANH est devenue la LNH en 1917. Le Canadien est la plus vieille équipe de hockey professionnel et elle a gagné la Coupe Stanley plus souvent que toute autre équipe.

Super Mario

Bobby Orr a qualifié Mario Lemieux du joueur le plus talentueux qu'il ait vu jouer. Comme Orr, la carrière de Lemieux a été interrompue par les blessures et même la maladie. Il a souffert de sérieux maux de dos et lutté contre la maladie de Hodgkin, une forme de cancer. Mais tout cela ne l'a pas empêché de devenir l'un des plus grands joueurs de l'histoire.

Lemieux a été le premier choix des Penguins au repêchage amateur de 1984. En devenant vite le meilleur joueur de la LNH, Lemieux a transformé les Penguins qui avaient de la difficulté à l'époque, en l'une des meilleures équipes du circuit. Il les a aidés à remporter la Coupe Stanley en 1991 et 1992.

Lemieux était imposant, mais ne préconisait pas un style de jeu robuste. Il se moquait des adversaires par sa rapidité et ses feintes. Il a été champion marqueur six fois et seul Wayne Gretzky a remporté plus de championnats des marqueurs que lui. Les blessures ont forcé Lemieux à se retirer en 1997. En 1999, il s'est retrouvé à la tête d'un groupe qui s'est porté acquéreur des Penguins. En faisant un retour au jeu en 2000, Lemieux est devenu le premier joueur de l'histoire à jouer pour une équipe dont il était aussi le propriétaire. Il s'est retiré pour de bon en 2006.

5 décembre 1968

Le gardien de but Tony Esposito a joué son premier match dans la LNH. Il a alloué deux buts dans un match nul de 2-2 contre les Bruins de Boston. Son frère, Phil Esposito, avait marqué les deux buts! (Voir le 11 juin 1969.)

6 décembre 1990

La LNH a annoncé l'entrée en scène de deux nouvelles concessions. Les Sénateurs d'Ottawa et le Lightning de Tampa Bay allaient commencer à jouer en 1992-1993.

7 décembre 1977
Gordie Howe a marqué le 1 000ᵉ but de sa carrière au hockey professionnel. Il a terminé sa carrière avec 1 072 buts. Wayne Gretzky et Bobby Hull sont les deux seuls autres à avoir atteint les 1 000 buts.

8 décembre 1987
Le gardien de but des Flyers de Philadelphie, Ron Hextall, a lancé la rondelle à l'autre bout de la patinoire... dans le filet désert des Bruins de Boston. Hextall a été le premier gardien de l'histoire de la LNH à marquer sur un lancer.

9 décembre 1992
Gordie Roberts, des Bruins, est devenu le premier joueur natif des États-Unis à disputer 1 000 matchs dans la LNH.

10 décembre 1983
Les Sabres de Buffalo ont défait les Bruins 4-2 à Boston. Les Sabres ont poussé leur séquence à dix victoires consécutives sur la route, un record à l'époque. Les Red Wings de Detroit ont éclipsé ce record avec 12 victoires consécutives sur les patinoires adverses en 2005-2006.

11 décembre 1985
Wayne Gretzky a égalé un record de la LNH avec sept mentions d'aide dans un match. Il a aidé Edmonton à vaincre Chicago 12-9. Le total de 21 buts dans le match a égalé un record de la LNH datant du 10 janvier 1920 lorsque le Canadien de Montréal avait défait les St. Pats de Toronto 14-7.

12 décembre 1953
Maurice Richard, du Canadien de Montréal, s'est hissé au premier rang des meilleurs pointeurs de tous les temps. Avec un but et deux aides dans une victoire de 7-2 contre les Rangers de New York, Richard portait son total en carrière à 611 points.

13 décembre 1995
Paul Coffey, des Red Wings de Detroit, est devenu le quatrième joueur de l'histoire à amasser 1 000 mentions d'aide en carrière. Il a été le premier défenseur à atteindre ce plateau.

14 décembre 1982
Marcel Dionne, des Kings de Los Angeles, a marqué le 500e but de sa carrière, devenant le neuvième joueur de l'histoire à atteindre ce plateau.

15 décembre 1995
Deron Quint a égalé la marque de la LNH pour les deux buts les plus rapides en marquant deux fois en l'espace de quatre secondes. Il a trouvé le fond du filet à 7 min 51 s et à 7 min 55 s de la deuxième période dans une victoire de 9-4 des Jets de Winnipeg aux dépens des Oilers d'Edmonton. (Voir le 3 janvier 1931.)

16 décembre 1950
Deux futurs membres du Temple de la renommée du hockey, Jean Béliveau et Bernard Geoffrion, ont fait leurs débuts avec le Canadien au cours du même match. Le Canadien et les Rangers ont fait match nul 1-1.

17 décembre 1924
Les gardiens de but Jake Forbes, des Tigers d'Hamilton, et Alec Connell, des Sénateurs d'Ottawa, ont participé au premier match nul de l'histoire de la LNH.

18 décembre 1983
Avec deux buts et deux aides dans une victoire de 7-5 aux dépens des Jets de Winnipeg, Wayne Gretzky a atteint les 100 points en une saison en seulement 34 matchs. Personne dans l'histoire de la LNH n'a atteint ce plateau plus vite que lui.

À la vitesse de Coffey

Paul Coffey a peut-être été le meilleur patineur de l'histoire du hockey. Il était à la fois élégant et super rapide.

Doté d'un talent naturel, Coffey a tout de même travaillé fort pour améliorer son coup de patin. L'un de ses trucs était de chausser des patins quelques pointures trop petites. Il a déjà dit à la blague à un journaliste qu'il faisait croire à ses pieds que plus ils patinaient vite, plus le match se terminerait rapidement et plus vite il enlèverait ses patins.

La rapidité de Coffey s'harmonisait à merveille avec Wayne Gretzky et les Oilers d'Edmonton. Il s'est joint à l'équipe en 1980 et on l'a vite comparé à Bobby Orr. En 1983-1984, il a répété un exploit de Orr en devenant seulement le deuxième défenseur de l'histoire de la LNH à marquer 40 buts en une saison. Deux ans plus tard, Coffey a failli devenir le seul défenseur à atteindre les 50 buts. Avec 48 buts, il a éclipsé le record de 46 de Orr.

Coffey a amassé 1 135 mentions d'aide en carrière, la quatrième place parmi les plus hautes de l'histoire de la LNH.

19 décembre 1917
La première saison de l'histoire de la LNH s'est amorcée avec deux matchs au calendrier. Le Canadien de Montréal a eu raison des Sénateurs d'Ottawa 7-4 et les Wanderers de Montréal ont pris la mesure des Arenas de Toronto 10-9.

20 décembre 2007
Marian Gaborik a marqué cinq buts et récolté une aide dans une victoire de 6-1 du Wild du Minnesota sur les Rangers de New York. Gaborik est devenu le premier joueur en 11 ans à marquer cinq buts dans un match.

21 décembre 1937
Lorsque Paul Thompson, des Blackhawks de Chicago, a déjoué Tiny Thompson, des Bruins de Boston, c'était la première fois de l'histoire qu'un joueur marquait un but contre son frère. Le but de Paul a privé Tiny d'un jeu blanc, mais les Bruins l'ont quand même emporté 2-1.

22 décembre 1976
Les premiers Mondiaux juniors ont commencé. Le tournoi a pris fin le 2 janvier 1977. L'Union soviétique a gagné l'or en battant le Canada 6-4. La médaille de bronze est allée à la Tchécoslovaquie.

23 décembre 1978
Bryan Trottier a établi un record de la LNH en comptant six points dans une seule période. En marquant trois buts et en récoltant trois aides en deuxième période, il a permis aux Islanders de prendre la mesure des Rangers 9-4.

24 décembre 1972
Les Kings de Los Angeles ont eu raison des Seals d'Oakland 5-3 lors du dernier match de la LNH jamais disputé la veille de Noël, Serge Bernier ayant marqué quatre buts. Plus tôt en soirée, Chicago a battu Toronto 5-1 et les Rangers ont blanchi Detroit 5-0. Depuis 1973, les joueurs de la LNH sont en congé la veille de Noël et la journée de Noël.

25 décembre 1970
Norm Ullman, des Maple Leafs de Toronto, a marqué deux fois et est devenu le septième joueur de l'histoire de la LNH à atteindre les 400 buts en carrière.

Le « fantôme » Malone

Le hockey se jouait de façon bien différente au début de la LNH. Les passes avant étaient interdites et le maniement du bâton était la seule façon de faire avancer la rondelle. Il était fréquent de voir les six joueurs partants demeurer sur la patinoire pendant les 60 minutes. Les saisons étaient aussi plus courtes, mais comme peu de joueurs avaient la chance de jouer, les meilleurs marquaient beaucoup de buts.

Joe Malone était probablement le meilleur manieur de bâton au début de la LNH. Il était surnommé « Phantom Joe » (Le fantôme) en raison de son agilité sur la glace. Il avait le don de s'esquiver, puis de réapparaître, tel un fantôme. Lors du premier match de l'histoire de la LNH, Malone a marqué cinq des buts pour le Canadien de Montréal. Il a terminé la saison 1917-1918 au premier rang des marqueurs avec 44 buts en seulement 20 matchs! Les 44 buts de Malone sont demeurés un record de la LNH pendant 23 ans. La marque actuelle est de 92 buts. Personne n'est encore parvenu à faire mieux que la moyenne de 2,2 buts par match de Malone. De nos jours, un joueur devrait marquer 180 buts en 82 matchs pour égaler le rythme de Malone.

26 décembre 1925
Les Americans de New York et les Pirates de Pittsburgh ont établi un record de la LNH pour le plus grand nombre de tirs au but par deux équipes dans un match, soit un total de 141 tirs. New York a dominé dans les tirs (73 contre 68) et a gagné le match 3-1.

27 décembre 1999
La recrue Roberto Luongo a repoussé 34 tirs et a réussi le premier blanchissage de sa carrière dans une victoire de 3-0 des Islanders de New York aux dépens des Bruins de Boston.

28 décembre 2004
À 16 ans et 4 mois, Sidney Crosby est devenu le plus jeune joueur à marquer un but aux Mondiaux juniors, dans une victoire de 7-2 d'Équipe Canada aux dépens de la Suisse. Le Canada a par la suite remporté la médaille d'or. (Voir le 4 janvier 2005.)

29 décembre 1955
Les arbitres et juges de lignes de la LNH ont endossé pour la première fois un chandail rayé noir et blanc. Le match avait eu lieu à Montréal et le Canadien avait eu raison des Leafs 5-2. Auparavant, les arbitres portaient un chandail qui ressemblait trop à ceux des joueurs.

30 décembre 1981
Wayne Gretzky a enfilé cinq buts et les Oilers ont infligé une défaite de 7-5 aux Flyers. Son cinquième but était son 50e de la saison, en seulement 39 matchs. Aucun autre joueur de l'histoire de la LNH n'a marqué 50 buts plus rapidement.

31 décembre 1988
Mario Lemieux a connu une soirée de cinq buts et trois aides pour mener les Penguins à une victoire de 8-6 sur les Devils du New Jersey. Les cinq buts de Lemieux ont été marqués dans différentes circonstances : un à forces égales, un en avantage numérique, un en infériorité numérique, un sur un tir de pénalité et un dans un filet désert.

Un gardien de but occupé

Même si Roberto Luongo a joué autant au soccer qu'au hockey jusqu'à l'âge de 14 ans, chaque fois qu'un professeur lui demandait ce qu'il voulait faire lorsqu'il serait grand, il répondait « un joueur de la LNH ».

En 1997, les Islanders de New York l'ont réclamé au quatrième rang du repêchage amateur de la LNH. À l'époque, aucun gardien de but n'avait été choisi aussi haut depuis l'instauration en 1969 de la formule actuelle de repêchage. Il a repoussé 43 tirs à son premier match dans la LNH, le 28 novembre 1999. Luongo a été échangé aux Panthers de la Floride au terme de la saison 1999-2000. En cinq saisons avec cette équipe en difficulté, Luongo est tout de même devenu un joueur vedette. En 2003-2004, il a affronté plus de tirs (2 475) et a effectué plus d'arrêts (2 303) que tout autre gardien de but de l'histoire.

Depuis qu'il s'est joint aux Canucks de Vancouver en 2006, Luongo est demeuré l'un des meilleurs – et des plus occupés! – gardiens de but de la LNH.

Eric Zweig

Dès l'âge de dix ans, Eric Zweig était déjà un passionné de sport qui remplissait ses cahiers d'école de résultats sportifs plutôt que de notes de cours. Après avoir obtenu un diplôme de Trent University en 1985, il est devenu journaliste sportif et historien du sport. Ses articles ont été publiés dans de nombreux journaux canadiens tels que le *Toronto Star*, le *Globe and Mail*, le *Toronto Sun*, le *Ottawa Citizen*, le *Calgary Herald* et *The Beaver*. Eric Zweig a été également rédacteur et producteur pour CBC Radio Sports et TSN SportsRadio.

Eric est l'auteur de plusieurs livres dont *De tout pour les passionnés de hockey 1 et 2*.

Il travaille comme rédacteur en chef chez Dan Diamond and Associates et dirige la publication de *NHL Official Guide & Record Book*, ainsi que de plusieurs autres ouvrages.

Eric est membre de la Société internationale de recherche sur le hockey et de la Society for American Baseball Research. Il vit à Owen Sound, en Ontario, en compagnie de son épouse Barbara, qui est également rédactrice et éditrice.

Ancien membre de l'équipe de maintenance du terrain des Blue Jays de Toronto, il a conservé une bouteille de champagne de 1985, date à laquelle les Blue Jays ont remporté leur première victoire au championnat de Division Est de la Ligue américaine de baseball.

Références photographiques

© Ryan McVey/Allsport Concepts/Getty, pour l'image de la couverture
Page 3 : Josh Holmberg/Temple de la renommée du hockey
Page 5 : Mark Buckner/LNH via Getty Images
Page 7 : Imperial Oil - Turofsky/Temple de la renommée du hockey
Page 11 : Temple de la renommée du hockey
Page 13 : Dave Sandford/IIHF/Temple de la renommée du hockey
Page 15 : Temple de la renommée du hockey
Page 17 : Temple de la renommée du hockey
Page 21 : Bob Shaver/Temple de la renommée du hockey
Page 23 : Portnoy/Temple de la renommée du hockey
Page 25 : Temple de la renommée du hockey
Page 27 : James Rice/Temple de la renommée du hockey
Page 29 : Bob Shaver/Temple de la renommée du hockey
Page 31 : Temple de la renommée du hockey
Page 33 : Paul Bereswill/Temple de la renommée du hockey
Page 37 : Imperial Oil - Turofsky/Temple de la renommée du hockey
Page 39 : Mike Dembeck/Temple de la renommée du hockey
Page 41 : Bob Shaver/Temple de la renommée du hockey
Page 43 : Graphic Artists/Temple de la renommée du hockey
Page 45 : Paul Bereswill/Temple de la renommée du hockey
Page 49 : Mecca/Temple de la renommée du hockey
Page 51 : B. Bennett/Getty Images
Page 53 : Doug MacLellan/Temple de la renommée du hockey
Page 55 : Graphic Artists/Temple de la renommée du hockey
Page 57 : Temple de la renommée du hockey
Page 59 : Frank Prazak/Temple de la renommée du hockey
Page 63 : Graphic Artists/Temple de la renommée du hockey
Page 65 : Rusty Barton/Temple de la renommée du hockey
Page 67 : Paul Bereswill/Temple de la renommée du hockey
Page 69 : Al Bello/Getty Images
Page 71 : Christian Petersen/Getty Images
Page 75 : Temple de la renommée du hockey
Page 77 : Scott Halleran/Getty Images
Page 79 : Doug MacLellan/Temple de la renommée du hockey
Page 81 : Paul Bereswill/Temple de la renommée du hockey

Page 83 : Steve Feldman/Temple de la renommée du hockey
Page 85 : Portnoy/Temple de la renommée du hockey
Page 87 : B. Bennett/Getty Images
Page 91 : LINDROS
Page 93 : Frank Lennon/GetStock.com
Pages 95 et 97 : Dave Sandford/Getty Images
Page 99 : Sun Media Corporation
Page 101 : Paul Bereswill/Temple de la renommée du hockey
Page 103 : Imperial Oil - Turofsky/Temple de la renommée du hockey
Page 105 : Michael Burns Sr./Temple de la renommée du hockey
Page 109 : Temple de la renommée du hockey
Page 111 : Michael Burns/Temple de la renommée du hockey
Page 113 : Graphic Artists/Temple de la renommée du hockey
Page 115 : Doug MacLellan/Temple de la renommée du hockey
Page 119 : Temple de la renommée du hockey
Page 121 : Temple de la renommée du hockey
Page 123 : Jeff Vinnick/LNH via Getty Images

Le but de Bob Nystrom, en prolongation, en 1980, a permis aux Islanders de New York de remporter la Coupe Stanley. Après la victoire, Clark Gillies a nourri son chien à même la Coupe Stanley. Appelé à s'expliquer, le joueur a dit, tout bonnement : « Pourquoi pas? C'est un bon chien... »

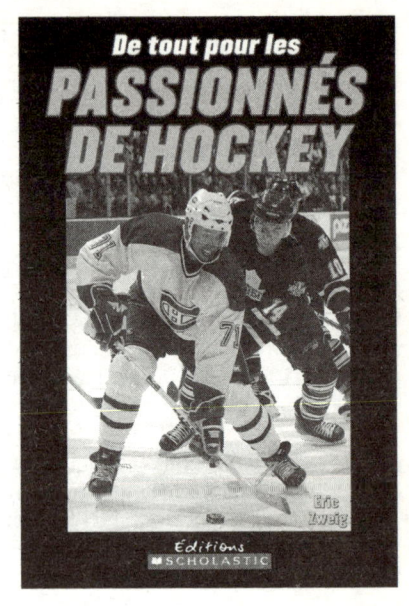

Combien de rondelles sont utilisées pendant un match de la LNH? Qui a vraiment été le premier gardien de but à porter un masque? Que faisait la Coupe Stanley au fond de la piscine de Mario Lemieux?

Obtenez les réponses à ces questions et à beaucoup d'autres dans *De tout pour les passionnés de hockey.*

Avant d'accéder à la LNH, Denis Savard faisait déjà partie d'un trio célèbre avec le Canadien junior de Montréal. Savard jouait au centre du trio qui comprenait aussi Denis Cyr et Denis Tremblay. On les surnommait « Les trois Denis ». Non seulement ils portaient le même prénom, mais ils étaient tous nés le même jour à quelques pâtés de maisons les uns des autres, dans l'arrondissement de Verdun, à Montréal!

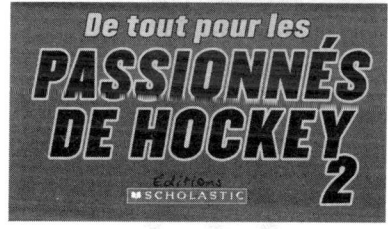

Découvre :

- Comment la Coupe Stanley s'est retrouvée au milieu d'un match de hockey dans la rue.
- Quel joueur intronisé au Temple de la renommée a évolué aux six positions pendant un seul match.
- Comment un joueur qui venait d'entrer à la LNH a pu marquer son premier but deux fois.

… Et plein d'autres anecdotes et faits intéressants sur le jeu que tout le monde adore !